YOGA
A Nova Revolução

Suely Firmino
(Padma Shakti)

YOGA
A Nova Revolução

© 2014, Madras Editora Ltda.

Editor:
Wagner Veneziani Costa

Produção e Capa:
Equipe Técnica Madras

Revisão:
Arlete Genari
Neuza Rosa

Dados Internacionais de Catalogação na Publicação (CIP)
(Câmara Brasileira do Livro, SP, Brasil)

Firmino, Suely
Yoga a nova revolução / Suely Firmino. --
São Paulo : Madras, 2014.
Bibliografia.

ISBN 978-85-370-0928-4

    1. Ioga - Uso terapêutico 2. Emoções
3. Medicina holística 4. Mente e corpo 5. Sistemas
terapêuticos I. Título.

14-07229   CDD-613.7046

Índices para catálogo sistemático:
1. Ioga : Terapia holística :
Promoção da saúde 613.7046

É proibida a reprodução total ou parcial desta obra, de qualquer forma ou por qualquer meio eletrônico, mecânico, inclusive por meio de processos xerográficos, incluindo ainda o uso da internet, sem a permissão expressa da Madras Editora, na pessoa de seu editor (Lei nº 9.610, de 19.2.98).

Todos os direitos desta edição reservados pela

MADRAS EDITORA LTDA.
Rua Paulo Gonçalves, 88 – Santana
CEP: 02403-020 – São Paulo/SP
Caixa Postal: 12183 – CEP: 02013-970
Tel.: (11) 2281-5555 – Fax: (11) 2959-3090
www.madras.com.br

Índice

Prefácio 9
Introdução 11

Parte 1

A Nova Revolução 17
   Os Chacras em Nossa Evolução 19
   O Hatha Yoga 30
   Yamas no Hatha Yoga 32
   Niyamas no Hatha Yoga 34
   Ásanas, Yamas e Niyamas – o Triângulo Luminoso 36
   Postura em Pé – Tadasana 37
   Postura de Joelhos – Ustrasana 39
   Postura Deitada – Bhujangasana 42
   Postura Invertida – Sarvangasana 45
   O Pai-Nosso no Hatha Yoga 48
   Purificações: os Kriyas de Hatha Yoga 57
   Hatha Yoga – Mudras e Bandhas 63
   Bhakti Yoga 65

Parte 2

Ferramentas de Poder 73
   Reiki 75
   Orações 76
   Prece Kahuna do Perdão 77
   A Grande Invocação 79
   Ave-Maria da Fraternidade Branca 80

Por Todas as Nossas Relações 80
Mantras 83
O Bija Mantras no Gayatri Mantra 84
OM MANI PADME HUM 86
OM – Mantra e Yantra 87
Visualizações 89
Visualização de Purificação 89
Visualização de Cura 91
Visualização para Limpar os Sentidos 92

Parte 3
Raja Yoga, o Yoga Real 93
   Caminhada Passo a Passo do Raja Yoga 95
   O Primeiro Passo 96
   O Segundo Passo 96
   O Terceiro Passo 97
   Mitahara, Alimentação Vegetariana 98
   Receitas 99
   O Quarto Passo 104
   O Quinto Passo 107
   O Sexto Passo 108
   O Sétimo Passo 108
   O Oitavo Passo 109
   Gratidão aos Mestres 110
      Milarepa, o Poeta do Tibete 112
      Jesus, Meu Mestre e Irmão Maior 113
      Francisco Cândido Xavier 114
      Paramahamsa Yogananda 116
      Dalai Lama 117
      Sai Baba 119
      Mestre Liu Pai Lin 120

Parte 4
Diário de Raja-Yoga 121
   1/30 – A Força de Francisco em Nós 122
   2/30 – Vivendo a Alegria de Apenas SER 123
   3/30 – Esperança no Caminhar. Hoje! 125

Índice

4/30 – Saber Quem Sou! 126
5/30 – Clareando Nossa Vida! 127
6/30 – Prosseguindo no Amor! 128
7/30 – Ser ou Estar? Eu Sou!.. 129
8/30 – Transformando Nossas Ações! 131
9/30 – Construindo Nossa Paz! 132
10/30 – A Força da Semente em Nós! 133
11/30 – A Coragem de Ser Bom! 134
12/30 – Reciclando o Humano em Nós! 135
13/30 – Vibrando na Luz!.. 136
14/30 – Buscando a Mansidão do Espírito!.................... 137
15/30 – Renovar para Renascer!..................................... 139
16/30 – É Preciso Amar! 140
17/30 – Ofereço-te Paz!.. 141
18/30 – Juntos no AMOR 142
19/30 – Só Rir! 143
20/30 – Vitória! Vitória! Vitória! 144
21/30 – Sonho A-Cor-Dado! 146
22/30 – Um Prisma no Olhar! 147
23/30 – Coração em Ação! 148
24/30 – (A)Prender a só Ser! 149
25/30 – Novas Ações, Novas Conquistas! 150
26/30 – Mamãe Natureza! 151
27/30 – Nossa Fé! 153
28/30 – No Movimento! 154
29/30 – Escolhas! 155
30/30 – Verticalizando a Caminhada!............................ 156

Parte 5
Poesia 159
   O Eu Sou 160
   Na Vida, em Verso e Prosa! 160
   Caminhemos!.. 161
   Sol na Mente... 161
   Paz 162
   Azul 163
   Nova Hora... 163

    Bom Dia! 164
    Santosha 164
    Be\Atriz 165
    Fé 165
    Amor 166

Parte 6
O Mentor e Eu 167
Bibliografia 171

Prefácio

Este é um daqueles livros que foram escritos por amor.
Redigido pelas mãos de quem ama aquilo que descreve e faz.
Se você está se iniciando no Yoga, este livro trará tudo aquilo que precisa para entender o caminho desta prática de autoconhecimento.
Se você já é um praticante, tenha-o sempre à mão como um manual.
Fazer yoga é dedicar-se a si mesmo, abrir-se para o mundo e expandir todo o nosso potencial interno. É desbloquear-se fisicamente para que a energia vital percorra livremente por todo o corpo elevando a nossa capacidade interior e dando-nos uma saúde plena e estável.
Há muitos anos um mestre chinês me ensinou que a única coisa que verdadeiramente possuímos neste mundo é a nossa saúde, e nem sempre damos a ela a devida atenção.
Na verdade nós somos a saúde e, quando a perdemos, é a nós próprios que estamos perdendo.
Praticar Yoga é uma arte, e como a música você levará consigo pelo resto da sua vida.
É um caminho único para mim.
Comecei a praticá-la na adolescência; hoje ela ainda está ao meu lado, e olha que atravessei a barreira dos 50 anos. Na minha caminhada pela busca de mim mesmo, de me enxergar interiormente, duas forças foram imprescindíveis: a música e o Yoga. Estas duas práticas foram decisivas no rumo da minha vida espiritual e material.

Em seu novo livro, Suely abrange de forma agradável e rápida todos os contextos do Yoga, da filosofia à sua prática, esclarecendo dúvidas e dando "dicas" sobre como agirmos melhor conosco no dia a dia.
É um trabalho quase maternal.
Tenho certeza de que você irá se deliciar com esta obra e, com certeza, também repensar sua vida.

Aurio Corrá

Introdução

Meus amigos, namastê!
Gratidão eterna por mais esta oportunidade de evoluir!
Sempre podemos cumprir nosso **Dharma**, nossa missão espiritual na Terra!
Escrevo para todos aqueles que estão no processo de autoconhecimento e aperfeiçoamento, lembrando que conhecimento requer prática, e mesmo assim, por vezes, sentimos dificuldades de superar-nos. Daí, os momentos de dúvidas, as cobranças de perfeição pelo que já aprendemos teoricamente.
Os mestres nos advertem amorosamente que o que realmente importa é fazer, caminhar, movimentar. Agindo assim, já estaremos a caminho da clareza espiritual. Eles, diferente do que cobramos de nós mesmos, não nos cobram santidade!
Enfim, este livro tem a função de trazer suavidade, aconchego, autoperdão, desapego a cada leitor. Eis a Nova Revolução, minha e sua!
Muitos de nós passamos por dificuldades até reconhecer nossa missão. Passamos por vários processos. Não acreditar em nosso potencial é apenas mais um desses processos. É quando deixamos de lado o que nos une ao Eterno, fechando assim o canal divino que trás em si o poder da semente, o que realmente somos e podemos vir a ser. É apenas uma etapa de evolução!
Este é o começo. Fé, entrega, alegria!
Assim, está nascendo este meu trabalho, que é nosso!
A Revolução continuará sempre, enquanto estivermos aqui neste Planeta. Tudo pulsa incessantemente, em movimento contínuo

dentro e fora de nós, só observarmos nossa Respiração, base de todo Yoga!

Após três obras publicadas pela Madras Editora, fiquei vários anos escrevendo começos e começos de livros, sem, entretanto, conseguir unir as partes e chegar a um projeto único!

Muita cobrança, minha primeiramente, dos amigos e leitores que aguardavam mais uma obra!

Período de muito sofrimento interno, testes constantes, revoltas e culpas, justamente por ter conhecimento das ilusões da mente, e ainda assim deixar-me escravizar por ela, até, finalmente, conseguir relaxar e simplesmente viver, um dia de cada vez!

O começo da volta para casa!

Nesses anos de angústia, tive que me desapegar de muitas coisas materiais, emocionais e do ego. Fechei a escola de Yoga que tinha em São Paulo, parei com os programas na Rádio Boa Nova, o Programa "Boa Manhã", com Alexandre Anselmo, e o quadro "Diário de Meditação".

Vi pessoas saindo do meu convívio. Pessoas importantes, com as quais convivi por longos seis anos, de trocas muito positivas e enriquecedoras, mas que foram indo embora, quando perceberam que eu saíra dos trilhos.

Entrei em desequilíbrio, por medo de encarar uma situação à qual me julgava incapaz de realizar, colocando assim minha fé, meu bem mais precioso, em dúvida.

Esta fé que me move e sempre me moveu. Esta fé que vim disseminar ao meu redor. Inspirar as pessoas à prática do Yoga é meu dever.

Mas como, se me deixara paralisar?

A essas pessoas que "me deixaram", quero render meu profundo respeito e carinho.

Foi para mim um período de emoções controversas, pois ao mesmo tempo que sofria, vendo um por um se afastando, sabia que tinham aprendido o que eu mesma ensinei! Pois, desde sempre, deixei claro que o mérito da prática e da evolução é do aluno, do praticante, e não do professor ou instrutor. Sempre rejeitei o título de mestre, e muitas vezes fiz citações de mestres que sucumbiram em algum ponto de sua jornada. Alguns se recuperaram e voltaram para completar seu **Dharma,** outros se perderam na ilusão do ego, nos falsos poderes da ilusão e da fama!

A vocês que se foram, peço sinceras desculpas, seu perdão; recebam minha profunda gratidão, consciente de que tudo que passamos faz parte de um plano maior ao nosso crescimento, seus e meu. Continuo acreditando que nenhuma folha cai sem o consentimento de D-us, e que essa experiência trouxe o melhor para nossas vidas!

Namastê!

Para que o leitor possa entender melhor as perdas às quais me referi, vou deixar aqui um breve relato, que, nunca se sabe, poderá ajudar alguém em mesmas circunstâncias na vida.

Na época, minha mãe passou a dar sinais de mal de Alzheimer, o que começou a afetar meus horários de aulas e tumultuar minha agenda de compromissos. Mais que isso, internamente eu começava a perceber que iria passar por um processo doloroso de purificação, e não queria. Lutei contra de várias maneiras, até entender que eu tinha, sim, força e coragem de sair-me vencedora daquela situação.

Antes disso, porém, passei pelo processo de revolta, deixando de lado minhas meditações, purificações e desfazendo laços. Estava implodindo, e ninguém, naquele momento, tinha condições de entender o tamanho da minha dor.

Hoje, eu lhe digo por experiência: como somos fortes! Digo muito mais: a força da semente do Yoga em mim fez toda a diferença para minha Libertação! Sim, libertação é a palavra correta!

Passar por todo o processo de cuidar da doença de minha mãe foi uma superação física, emocional e espiritual. Limpeza cármica de profunda complexidade, que sei, tanto por meio de meditação, como pela Kabala e pelo Espiritismo, ter concluído com êxito! Consegui: "missão dada, missão cumprida!".

Bem, é preciso seguir em frente. De volta ao caminho que alegra minha alma!

Como?

O que eu tinha?

A ilusão aponta sempre para as perdas, mas a Luz que nos habita, quando acessada, abre-nos o leque das possibilidades!

Alimentando-me de toda humildade que já me é peculiar, visto que tomo muitos cuidados para não me enredar no deslumbramento de ser melhor que os outros, pelas circunstâncias que nos rodeiam, arrumei uma pequena sala em minha casa, do jeito que podia, e comecei a dar aulas. Assim podia cumprir as exigências que a vida exigia de mim e, ao mesmo tempo, alimentar-me espiritualmente e seguir cumprindo minha tarefa de ajudar o próximo e inspirar aos outros, com os instrumentos que eu tenho: Yoga, Reiki, Aromaterapia, Kabala, Xamanismo e meu Amor por Nossa Senhora!

Durante um ano inteiro, dei aula para duas pessoas. Um trabalho árduo para meu ego, acostumado com sala cheia! Entretanto, D-us me trouxe pessoas que realmente precisavam de ajuda, e para isso usei de toda minha força interior e conhecimento para trazer Luz e a cura necessária ao trabalho que começava.

Assim, após um ano, novos alunos foram chegando. Mas faltava algo! Voltar a escrever o livro!

Pensei em vários trabalhos, mas nada conseguia finalizar. Não era a hora, ainda!

Comecei a acessar a rede social Facebook e achei um canal para exercitar minha tarefa de inspirar o outro a crescer, assim, logicamente, crescendo junto!

Todas as manhãs, sentava em frente ao computador, fechava os olhos e pedia aos mestres, invocando sua presença. Abria meus canais, pedindo uma palavra que pudesse beneficiar, dar amparo, esperança e fé aos meus amigos e que eu pudesse usufruir da mesma lição!

Fazia todos os dias, e comecei a acordar feliz com essa possibilidade!

No início, procurava me inspirar em algum dos muitos pensamentos bonitos que os amigos postam, mas minha alma entrava em inquietação.

Era eu. Eu tinha de colocar meus pensamentos da forma como os vejo e sinto. Para isso me vestia de humildade, compaixão e autoestima para contagiar e levar a mensagem dos mestres.

Até que um dia, no Wesak de 2012, quando havia convidado vários alunos para uma prática de meditação pelo Planeta, em que eles não puderam comparecer, mantive minha alegria, trabalhei o desapego, consciente mais uma vez de que tudo estava certo.

Eu me arrumei, preparei o alimento sagrado, o chá, trouxe à mesa os livros sagrados (A Bíblia e o *Bhagavad-Gita*) e fiz meu ritual, convidando à mesa os mestres bem-amados.

Escolhi, entre outros, a Prece Kahuna do Perdão como tema de minha prática. E, só então, a mente clareou, o céu se iluminou e vi, com feliz surpresa, que o livro estava sendo escrito sem que eu percebesse! Seriam minhas preces de bom dia que me permitiam exercitar meu caminho espiritual.

A cada dia, quando recebia mensagens de gratidão dos amigos na rede social, agradecia imensamente, por saber que estava cumprindo a tarefa.

É importante frisar que:

Esta que vos escreve tem o compromisso sagrado de educar seu Ego. Em nenhum momento o faz pela necessidade de autoafirmação, egoísmo ou autopromoção, e sim pela convicção do bem maior que habita cada ser deste Planeta!

Essa que vos escreve não é melhor que cada um de vós que lê agora, e sim um ser que caminha com vós, que ama, sofre, perdoa, erra, mas que tenta, a cada dia, ser melhor; a cada nova experiência, perdoar!

Essa que vos escreve ainda tem inimigos; significa, portanto, que ainda luta internamente contra as más tendências.

O mérito desta que vos escreve é apenas: tentar, tentar e tentar. Não desistir! Levantar quantas vezes for preciso.

O que eu sou, o que escrevo, vem da observação de meus próprios erros e acertos. Que sirvam para a melhoria de alguém!

É apenas isso que eu tenho e que posso transmitir e viver junto com vocês. Bebam e nutram-se nas mesmas fontes que me inspiram.

Deixo aqui, nesta singela obra do meu coração, a esperança e as ferramentas para que cada um possa vencer a si mesmo. Eis A Nova Revolução que o Yoga me trouxe e faz de mim uma vencedora!

Meu profundo e sincero abraço!

Namastê!

Parte 1

A Nova Revolução

A primeira revolução foi minha entrada na senda do Yoga por meio do Yoga Clássico.

Tal qual uma árvore e suas ramificações, através de sete práticas distintas por onde podemos escolher caminhar. A cada um, sua caminhada e seu propósito, sem "certo e errado", iremos nos encontrar lá na frente, onde seremos "todos um"!

Como será descrito mais adiante, cada ramo de Yoga corresponde a um determinado *chacra* e suas particularidades.

Em ordem crescente, dentro do Yoga Clássico, temos: **Hatha Yoga – Tantra Yoga – Karma Yoga – Bhakti Yoga – Mantra Yoga – Jnana Yoga – Raja Yoga**.

A Nova Revolução é justamente uma reflexão a esse respeito.

Por entender que o Hatha Yoga é parte dos oito passos do Raja Yoga, esta obra tem como objetivo dar ênfase a Hatha Yoga, Bhakit Yoga e Raja Yoga.

Trabalhando assim:

- **a Base:** *Hatha Yoga, Muladhara,* Chacra Básico, ou o primeiro dos sete chacras básicos;
- a Coroa: *Raja Yoga*, ou Yoga Real, *Sahashara,* Chacra Coronário, ou o sétimo chacra básico.
- E o **Centro**, em Bhakit Yoga, relacionado ao Chacra Cardíaco, Anahata, o quarto chacra dentre os básicos:

Onde o primeiro (***Muladhara***) nos conecta à terra. O sétimo (***Sahashara***) nos conecta ao céu, e o Amor (***Anahata***), que é o centro de toda existência humana. Sem sua pulsação, nada mais se tornaria possível.

Anahata, conforme veremos mais profundamente no capítulo sobre os chacras, é o ponto de fusão entre o triângulo superior, cuja ponta é voltada para cima, formado pelos chacras Vishuda (na garganta), Ajna (na testa) e Sahashara (no topo da cabeça), com o triângulo inferior, cuja ponta é voltada para baixo, formado pelos chacras Manipura (no umbigo), Swadsthana (no ventre) e Muladhara (na base da coluna).

Unindo-se os dois triângulos pela força de atração de Anahata, forma-se um quadrado. O princípio espiritual transformado em matéria, o casamento entre céu e terra. Segundo Jung, a trindade-quádrupla corresponde ao aspecto fundamental da plenitude.

O Triângulo, o Três, a Tríade, a Trindade (Brahma, Vishnu e Shiva), o OM: a ordem manifesta.

Logo, observando a base e o topo, somos o elo entre céu e terra e, assim como as árvores, nos alimentamos da força da terra, do poder de autossuperação, de regeneração, e detemos a força motriz da semente que espera, sob a terra, até quando for necessário. Sai da terra e vai ao encontro do Sol, projetando toda a estrutura adquirida, passando por todos os processos: o nascimento, rompendo a terra, o crescimento, criando novas estruturas de sustentação, gerando folhas, flores e frutos. Algumas darão sombra, perfumarão; outras ainda servirão de inspiração aos artistas com suas cores e desenhos sublimes.

Em Hatha você resgata sua força interior, em Raja você é convidado para receber a Coroa, e Bhakit permite exercitar com maestria o que foi conseguido.

Pense nisso naqueles dias em que acordar sentindo-se pequeno. Não! Você apenas está se sentindo desconectado, e este é um dos compromissos que esta obra tem: inspirá-los nesta conexão!

Procurando a consciência em tudo que fazemos, e entendendo que o Yoga trata da observação da energia, vamos abrir um espaço para entender melhor a energia de cada um dos chacras.

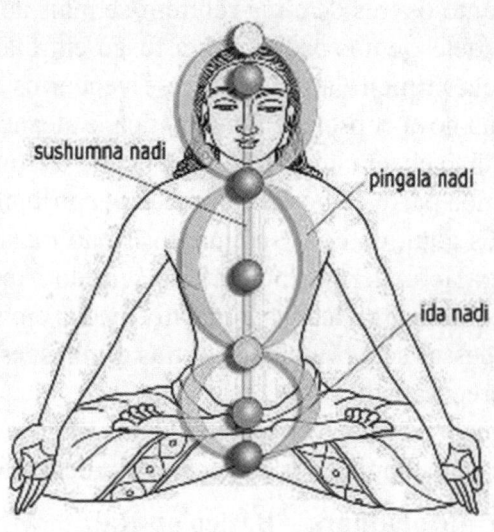

Os Chacras em Nossa Evolução

O significado da palavra chacra vem do sânscrito (linguagem dos deuses), e significa "Roda", pois segundo antigas escrituras, os sábios da Índia antiga os descreviam com formas redondas em suas visões, despertadas pelos sidhis, poderes adquiridos pela prática da meditação.

Estão relacionados às glândulas no corpo físico, mas residem no Plano Astral; logo, se dissecarmos um cadáver, não os encontraremos.

Podem ser percebidos pelos sentidos mais apurados, girando em ambas as direções conforme a qualidade dos pensamentos e emoções do indivíduo, assim como ser sentidos na parte frontal do corpo ou atrás.

Seu trabalho harmonioso, ou não, se manifesta como doenças fisiológicas, assim que o plano emocional se encontra exaurido. Têm características próprias, mantras para mantê-los em harmonia ou trazê-los de volta a ela.

E, como veremos agora, os três primeiros chacras relacionam-se a questões bem ligadas à realidade do ser humano aqui no plano terrestre, enquanto os três de cima referem-se mais ao plano divino. Sendo que um deles, em especial, faz a fusão entre ambas as energias. Nossa meta primeira aqui na Terra é vencer os três primeiros por meio de uma nova consciência, na prática, e alcançar a luminosidade de Anahata, o chacra do coração. Lá reside o alimento necessário para a segunda parte de nossa caminhada espiritual.

Se estamos aqui, como Jesus, nosso irmão mais velho e mais dedicado, é para aprendermos a amar, no sentido irrestrito da palavra. Aqui, emoções são refinadas e transformadas em sentimentos.

E, acima desses sete principais, outras dimensões existem além de nossa compreensão.

Em ordem crescente, veremos algumas características desses centros de energia, denominados chacras. Em ordem crescente, temos:

1º chacra – Muladhara – Básico ou Raiz

Aqui nascemos. É o chacra mais próximo da Terra e, portanto, o mais distante do Céu.

Suas palavras-chave são: Segurança, Estabilidade.

Seu elemento é Terra.

Localização: na base da coluna vertebral.

De cor vermelha, funciona como um fio-terra, ligando-nos à energia da Terra. Nascemos humanos, portanto andamos, nos movimentamos. Está relacionado ao nosso vigor físico, nosso sangue (vermelho), nossa necessidade de segurança e, portanto, o medo da morte.

Ao praticarmos determinadas posturas de Hatha Yoga, movimentamos essa energia primária e tornamos nossa caminhada mais firme, transformamos vícios em hábitos saudáveis, vencemos nosso maior bloqueio psicológico: o medo da morte.

Entretanto, quando em desarmonia, o indivíduo pode adoecer por prostração ou tornar-se violento em função do medo da morte e da luta pela autopreservação da vida.

É aqui que muitas vezes agimos por instintos animais. Observe que esse chacra se relaciona com o olfato, um dos sentidos mais apurados nos animais irracionais.

Quer ajudar no seu funcionamento? Exercite-se fisicamente, caminhe, saia da inércia, da zona de conforto, vença a preguiça, haja com coragem.

Quando no *Pai-Nosso*, corresponde ao final da oração: **"mas livrai-nos de todo o mal"**, pois D-us sabe do que temos mais medo, mas acredita em nosso potencial e deixa um sinal por intermédio de Jesus: Orai e Vigiai!

Boff descreve a vivência dessa frase como veias abertas, algo que sangra, é agressivo e chocante!

Não à toa que choramos ao nascer. Dizem tratar-te de um grande choque para o pequeno ser que nasce um ambiente diferente, assustador. Mesmo adulto, como você se sente em um ambiente novo, estranho? Fica na defensiva, até compreender e identificar cada coisa ao seu redor.

Assim é quando nascemos, damos os primeiros passos, até nos sentirmos SEGUROS para caminhar em frente.

2º chacra – Swadhisthana – Chacra Sexual

Aqui, já nos tornamos adultos o suficiente para buscar a continuidade da vida e da espécie.

Suas palavras-chave são: Sexo, Criatividade, Fantasia.

Significado do nome: Morada do Ser.

Seu elemento é: Água.

Localização: baixo ventre, abaixo do umbigo.

Está associado ao Tantra Yoga.

Tantra significa teia. Ele nos ensina que estamos ligados uns aos outros, e toda ação produzida positiva, ou negativamente, vai ressoar e alcançar outras tantas. Liga o aspecto masculino da divindade Shiva ao aspecto feminino da energia denominada Shkati, o encontro sexual divino, a fusão que produz uma nova vida, que é divina, pois aqui o ser humano começa a vislumbrar sua divindade na Terra.

Aqui, a terra de Muladhara se dissolve na água do segundo chacra, segundo Johari.

Supondo que já aprendemos a lição anterior, vamos aqui criar condições de nos manter despertos. Trabalhamos Niyama (manter nossa pureza) por meio da manutenção de uma reta conduta pessoal, ou seja, o segundo passo do Raja Yoga, ou Yoga Real, é também correspondente ao segundo chacra.

No *Pai-Nosso*, corresponde à frase: **"não nos deixeis cair em tentação"**, visto que o ser humano não tem discernimento suficiente para tratar o assunto com seriedade e divindade. D-us também sabia dessa nossa dificuldade, pois sabe que a energia da Terra é tão poderosa quanto a do Céu, e ainda não alcançamos uma visão clara dos andares de cima. Novamente, deixou a ferramenta da oração, para mantermos a firmeza do propósito.

Aqui nossas emoções são chacoalhadas; como a Lua que movimenta as marés, esse Chacra tem influência do elemento Água. Aqui estão grandes má-águas (mágoas) e conflitos existenciais, é nossa fase de adolescência, queremos criar nossa própria identidade, nossa própria família, nossos valores são questionados. Nossos hormônios da sexualidade explodem movimentando nossas emoções, e aqui aprendemos a lidar com nossa sexualidade de maneira simples, santa, abençoada. Não ao acaso, o sentido predominante neste Chacra é o paladar.

Muitas são as vezes que ouvimos tratarem o ato sexual como "comida"! Não existindo o acaso, vamos em frente!

Quando em harmonia, a criatividade é um caminho de bênçãos e sucesso no indivíduo, que vai usar das fantasias para criar poemas, heróis, devido à influência Planeta Mercúrio, o Senhor das Comunicações. Os artistas, em geral, aprendem a lidar bem com questões sexuais e com a própria sensualidade, para poderem se expressar sem culpas e com leveza e verdade.

É aqui também que experimentamos pela primeira vez a existência de D-us, com a geração da vida, a maternidade e a paternidade. Não por acaso, somos gerados em líquido, no Chacra cujo elemento é a Água.

A tentação está em nos apegarmos demais às coisas da Terra, em detrimento das coisas do Céu, e nos sentirmos órfãos, separados. Uma boa reprodução dessas emoções e experiências estão na Bíblia no capítulo sobre Jó.

D-us sabe disso, mas Ele acredita em nossa capacidade de superação.

3º chacra – Manipura – A Joia do Yogui
Este chacra denota Autoridade.
Localização: região do umbigo.
O órgão do sentido ligado a ele é: a visão.
Seu elemento: Fogo, o que transmuta e purifica.

Alcançamos nossa maioridade e nos damos conta de que existe algo além da Terra. A caminhada rumo à evolução começa nesse Chacra.

É aqui que o ser humano começa a verticalizar-se; tal qual a postura da serpente, Bhujangasana, que trabalha diretamente esse Chacra, o objetivo de seu movimento é nos tirar do chão e nos fazer OLHAR para o Céu. O ser humano começa a enxergar a necessidade de uma mudança.

Está intimamente relacionado ao Karma Yoga, a Yoga das Ações. As religiões se encaixam perfeitamente nesse contexto, pois nos levam a repensar nossos valores, deixarmos para trás a adolescência física e moral e mergulharmos no fogo do espírito.

Setenta por cento das posturas de Yoga trabalham direta ou indiretamente com esse Chacra, por isso o Yoga tem função restauradora e serve de base para o renascimento de um novo ser, por isso o nome do livro *Yoga – A Revolução Silenciosa* (Madras Editora, 2002).

Um dos principais motivos para respirarmos movimentando o abdome é liberar as energias encruadas nessa região, onde guardamos não apenas restos de alimentos, também os detritos emocionais, os desejos, os apegos, um dos grandes obstáculos à ascensão humana na escalada espiritual. À medida que liberamos, transformamos essas energias antigas, de vidas passadas e dos nossos próprios antepassados, vamos desatando o primeiro dos três nós que impedem nossa escalada vertical, o Nó de Sansara, a Roda das Encarnações.

Quando dizemos Namastê, é o nosso Deus Interno saudando o Deus Interno de cada ser; um dos motivos é que esse chacra denominado Manipura é traduzido como a Cidade das Gemas, ou Joia do Yogui, porque os sábios da Índia nos deixaram nas Escrituras Sagradas, que nessa região todos guardam como um diamante. Porém, ocorre que, em virtude dos detritos emocionais entulhados no local, não o enxergamos.

A prática do Hatha Yoga, com suas posturas e respirações, vai ativar o local e, conforme os resíduos vão saindo naturalmente, começamos e ver uma pequena luz brilhando. Continuamos nessa mesma vida, ou quem sabe em outra, dando continuidade a essa purificação, até que possamos enxergar com clareza nosso diamante em todo o seu esplendor.

Lembre-se de que o elemento desse Chacra é o Fogo. Sabemos que um diamante é uma pedra valiosa, mas muito dura, que tem de ser queimada em altas temperaturas para, enfim, sermos agraciados com todo o seu brilho, que vai automaticamente refletir no chacra acima, Anahata, o chacra do coração, como veremos adiante.

A oração do *Pai-Nosso* nos remete à frase: **"Perdoai as nossas dívidas, assim como nós perdoamos aos nossos devedores"**. Claramente, nosso carma é liberado à medida em perdoamos a todas as pessoas, libertando-nos, deixando a densidade dos desejos e apegos a coisas e pessoas, para, com leveza, alcançarmos o andar de cima, verticalizando nossas ações.

Sabemos o quanto é difícil. É aqui, mais uma vez, que as religiões entram como ferramenta de apoio moral, para nos ajudar nessa escalada. E, das religiões ocidentais, a que melhor descreve esse processo de carma é o Espiritismo, com a lei de Ação e Reação que Kardec trouxe à tona de maneira clara e forte.

Temos nessa doutrina um ser de elevado grau espiritual, que viveu cada dia, liberando-se dos apegos e doando-se aos outros de todas as formas possíveis, o querido mestre Chico Xavier, já citado em meus livros anteriores.

A frase máxima dentro do Espiritismo diz: "Fora da Caridade não há salvação". Quando praticamos qualquer ato de caridade, independentemente do trabalho voluntário que execute, ou das doações que fizer, você está doando algo de maior importância ao outro: seu tempo!

Nosso tempo é o que de mais precioso temos nesta vida, pois se exaure a cada nova respiração. Quando reservamos um pouco desse tempo para nos dedicarmos a alguém ou alguma causa, estamos nos doando. Só melhoramos nossa ação com a intenção no propósito.

O Plano Celeste em Manipura é nosso aprendizado no que se refere ao carma, à caridade, à reestruturação moral. Aqui vivenciamos nosso Dharma, nosso Sadhana, ou melhor, nossa caminhada evolutiva. Executamos o plano que nos comprometemos a cumprir.

Segundo a visão de Boff, a emancipação nesse chacra segue três passos:

1 – Revolta: diante do desequilíbrio e da exacerbação do ego, nesse chacra, o indivíduo entra na revolta de achar que D-us não existe. Ele vê apenas as dores do mundo e acusa D-us pela dor e infelicidade. Mesmo em suas tentativas de se erguer ele encontra resistência, pois a compreensão não acaba com a dor!

Novamente, essa pessoa está vivendo e vendo a vida teoricamente; é preciso praticar, trabalhar o corpo, movimentar as energias bloqueadas no abdome, para ir dissolvendo o excesso de dores morais e emocionais.

2 – Resignação: o segundo passo é seguido pela maioria das doutrinas, a resignação. Como se estivéssemos num tabuleiro e fôssemos peças no Jogo dos Deuses. Onde então entraria nosso livre-arbítrio, se D-us tivesse o monopólio sobre nossas vidas? Aqui, o momento de resignação pede ao praticante religioso firmeza e paciência na dor, e assim sente ele que está em comunhão com Jesus. Aqui, a Lei do Carma aparece como um carcereiro cruel e à nossa revelia.

3 – Esperança: o terceiro passo, ou modo de viver esse chacra, é passando ou não pelas fases anteriores. Aqui entra a linguagem da utopia, dos poetas, dos exotéricos e daqueles que, independentemente de religiosidade, acreditam estarem à beira do precipício e, ainda assim, creem que serão salvos. É a entrega! É esperar em D-us.

4º chacra – Anahata, o Chacra do Coração
Significado do nome: "O Intocado".
Suas palavras-chave são: Fé, Equilíbrio.

Vemos que o coração, na fisiologia, fica extremamente protegido pelas costelas, dentro de uma caixa; então podemos observar que deve ser muito importante.

O sentido predominante nesse Chacra é o tato, e tem como planeta regente Vênus, representante do Amor na mitologia.

Se olharmos romanticamente para essa área, percebemos claramente que as pessoas, quando se encontram enamoradas, têm necessidade do toque, do abraço.

São observações tão claras que não nos damos conta, e que devem ter algum significado, como vemos.

Anahata, o chacra do coração, representa, em sua forma equilibrada, o próprio Equilíbrio.

Notamos que ele se encontra entre os três chacras de baixo, ligados à Terra, e os três de cima, ligados ao céu. Faz a ligação, a fusão entre eles, tal qual o ser humano faz a ligação entre Céu e Terra. Nada é por acaso!

É comum vermos pinturas de Jesus sempre com o coração em destaque, pois Ele é o próprio coração, o Intocado, a prova viva da fé incondicional no Pai, a fusão entre o plano físico e o espiritual; o que trouxe a Nova Ordem, a Boa Nova, a renovação. Despertar o chacra cardíaco é, portanto, conquistar o Reino de D-us como Jesus.

Entretanto, antes dessa fabulosa conquista, temos de desenrolar um novo nó. Lembra-se dos três nós citados no chacra anterior? Pois bem, vamos trabalhar!

O único caminho para desatarmos esse nó é por meio da compaixão (karuna), a exemplo de Jesus, que pede a compaixão do Pai por nós!

Realmente, Jesus é um marco não apenas histórico, mas energético na vida de todos nós, que vivemos nessa era. Todos os seus passos nos remetem ao chacra cardíaco. Seguir Seus passos na prática é entrar no Reino dos Céus, sem que para isso precise morrer.

Muitos homens-santos em diversas doutrinas, de rishis, sábios da Índia aos santos do catolicismo, os sábios do Judaísmo e outros atingiram o êxtase espiritual, chamado de Samadhi no Yoga, ou seja, a meta existencial do Yogui, e continuaram vivos. Porque agora é apenas o começo de uma nova caminhada. O próximo passo é usar da nossa vontade para manter o equilíbrio e manifestar a Boa Nova na vida dos outros.

Quantos homens-santos têm ao nosso redor? É só ter olhos para ver! É Jesus presente nas figuras de outros para divulgar e propagar sua Lei de Amor, Fé e Compaixão.

É conhecido na tradição da Índia, como a Estrela do Yogue, que tem como yantra (desenho) dois triângulos sobrepostos, um de ponta para baixo, sobreposto por outros com a ponta para cima, e um ponto no meio representando o Yoga, ou equilíbrio supremo.

Vendo sob a ótica da oração do *Pai-Nosso*, corresponde à frase: **"O pão nosso de cada dia dai-nos hoje"**.

Temos no pão o alimento físico e espiritual, a Fé.

Esse chacra representa a chegada de Jesus na Terra e na vida de cada um que já rompeu os laços com a densidade da Terra, vivendo em harmonia com ambas as energias enquanto estiver encarnado, por isso se movimenta em todas as direções.

Trabalhar Anahata, aos moldes de Jesus, significa trocar de vida. Trocar a vida física pela espiritual e, ainda assim, permanecer presente. Não precisamos nos sacrificar, pois Jesus já o fez por nós. Entretanto, espelhamo-nos em sua fé, em seu Santosha (ser e estar preenchido de D-us).

Aqui, aprendemos a viver no passado e no futuro, somos e temos os dois em nós; analogamente vivemos em corpo físico ao mesmo tempo em que mantemos nossa conexão com o espírito, reconhecemo-nos como energias divinas, com um propósito de vitória nesta vida!

O esplendor de Anahata traz a mensagem de Jesus como um Avatar de Vishnu, dando ferramenta de sustentação do Universo, ao falar de amor. D-us precisou da presença física de Seu filho Jesus, a quem concedeu a árdua tarefa de viver em corpo denso, mesmo sendo um ser iluminado; da mesma forma que precisa de nós desempenhando o mesmo papel. Esse papel só se consegue com trabalho, fé, amor e esperança.

Segundo Boff, "D-us precisa da participação do Homem para trazer Seu Reino à Terra".

5º chacra – Vishuda – O Puro

Palavras-chave: Vontade e Comunicação.

Localização na região da garganta. O elemento Ar do chacra anterior torna-se Som em Vishuda, e refere-se ao Mantra Yoga, o Yoga do Verbo Divino.

Sentido Predominante: audição.

Órgãos Motores: boca, pés, mãos, órgãos sexuais e ânus.

Refere-se no *Pai-Nosso* à frase: "Seja feita a Vossa vontade assim na Terra como no Céu".

Aqui, começamos um diálogo com D-us e com os homens, logo, Céu e Terra.

Em Vishuda, todos os elementos anteriores se fundem e se dissolvem, pois aqui a realidade de D-us deve predominar. A entrega do

Homem Elevado, que conhece a Vontade de D-us e vive dos ensinamentos de Jesus, e outras Divindades, submetidas à Vontade Divina, por conhecer e crer em sua Infinita Bondade.

O planeta regente desse chacra é Júpiter, conhecido na Índia como o guru. Significa que quando o *chela*, ou aspirante, se entrega à vontade do guru (mestre), está prestes a entrar no Reino de D-us, ou melhor, aquele que alcança a bem-aventurança de Vishuda, caminho e direção ao próximo chacra, Ajna, o Reino de D-us.

Ainda aqui, é comum o homem agir com má vontade, ou contra a vontade do Pai. Mas, para alcançarmos essa plenitude, nossa vontade se articula com a vontade de D-us.

Para isso, porém, deve haver uma compreensão da bondade de D-us.

Estando este chacra harmonizado, a sabedoria do guru predomina dentro do si, transformando-se em sidhis, ou poderes extrassensoriais, como a compreensão de símbolos, sonhos, clarividência, comunicação não verbal.

Aqui, verbalizamos as mensagens de nosso coração e devemos buscar coerência entre o que falar, pensar e agir.

Comunicamo-nos com os homens, ao mesmo tempo em que nos comunicamos com D-us por meio da recitação dos mantras cantados, falado, sussurrado ou apenas na mente.

6º chacra – Ajna – Comando
Palavras-chave: Inspiração, Discernimento, Reino.
Localização: Glândula Pineal, entre as sobrancelhas.

No Chacra Ajna, o local do Conhecimento Supremo, da não dualidade, há o encontro da energia solar da narina direita, chamada píngala, da narina esquerda, ida, energia lunar, que se fundem à energia do centro, sushumna.

Devemos meditar nesse Chacra antes de nos movermos em direção a outro qualquer, pois ele é o comandante de toda ação e o que nos protege. Quando ativamos um chacra de baixo, por exemplo, sem estarmos em equilíbrio mental e emocional, sem contarmos com a ativação do Ajna Chacra, primeiramente, corremos riscos de despertar aspectos negativos que não saberemos controlar depois, já que a Glândula Pineal regula todo o fluxo para as demais glândulas.

Aquele que desperta o Chacra Ajna torna-se realizado, manifesto, ou seja, cumpriu a tarefa de trazer, ou realizar o Reino do Céu aqui na Terra, cumprindo o desejo de D-us, assim como o fez Jesus.

Não à toa, vemos pinturas de santos, sábios, justos, com um alo de luz em volta de suas cabeças.

Na oração do *Pai-Nosso*, temos a frase: **"Venha a nós o Vosso reino"**. Finalmente, vemos que é possível se cumprir o plano de D-us aqui na Terra. Aqui há a cessação da dualidade, o plano se cumpriu, Céu e Terra são um só, na medida em que o "Santo", realizado, traz o Reino de D-us para a Terra, na sua pessoa, ao mesmo tempo em que eleva a Terra a uma condição divina, dentro de sua *persona*.

7º chacra – Sahasrara – Portal de Brahmam

Mantra: AUM.
Localização: Topo da cabeça.
Palavras-chave: Imortalidade, Vácuo, União.

Sahasrara é a porta de entrada do Prana Espiritual, por isso se chama de Portal de Brahmam.

Nesse estágio, o sábio vive além da dualidade com consciência, não se importa com prazeres ou dores, está além! Seu Cosmos interno vive em comunhão com o externo. Alcança todos os sidhis (poderes), mas não se apraz em utilizá-los.

Sahasrara é a morada da consciência, por meio do qual se reflete o divino.

Na oração do *Pai-Nosso*, temos a frase: **"Santificado seja o Vosso nome"**, ou seja, o AUM.

A Bíblia nos diz que santificar é louvar, bendizer. Independentemente de religiões ou política, nossa atitude é de reverência ao Absoluto, o Perfeito, acima e presente em tudo e todos.

Biblicamente, D-us diz a Moisés: "Eu Sou".

Começaremos nossa jornada através de *Hatha Yoga*, da energia mais densa para a mais sutil em *Raja Yoga*.

Pesquisando as escrituras é comum encontramos variações com relação à quantidade de àsanas deixada pelo Deus Shiva como legado à humanidade. Entretanto, tanto o texto *Goraksa Paddhat* quanto a *Shiva Samhita*, dentre outros, relatam 84 àsanas fundamentais consideradas importantes pelos yogins. Dessas, apenas 32 estão descritas no *Gheranda Samhita*.

Coincidência ou não, temos 32 dentes em nossa arcada dentária, necessários à mastigação e à preservação de nossa fisiologia. Além disso, 32 são os caminhos dentro da Árvore da Vida, na Kabalah. Estamos então falando em sustentação!

Na numerologia 3+2=5, é o número que tem a energia da mudança. Conforme dizem os mestres: mexa-se! Saia da zona de conforto. É morno, mas perigoso à nossa evolução!

Sempre disse e digo que o Yoga é uma ferramenta de poder deixada por amor, à sustentação da Humanidade, desde a sua base até onde podemos observar.

A palavra àsana significa literalmente no sânscrito, "assento", isso devido à Meditação, e posteriormente, às muitas posturas de Hatha Yoga executadas sentadas.

Minha reflexão sobre o significado que se dá nos dias atuais, em que àsana significa "postura", vem primeiramente da nova postura física que o praticante adquire, com o alinhamento da coluna, e que está além de uma elegância no andar, e sim um novo modo de ser, uma nova atitude, de como olhar a vida.

O Hatha Yoga

O Hatha Yoga está diretamente vinculado ao trabalho físico. Foi e continua sendo o estilo de Yoga mais difundido, não apenas no Brasil, mas no Ocidente em geral.

Realmente, é um trabalho corporal, contudo utilizamos o corpo como ferramenta para exercitar a mente, visto que o Yoga como um todo visa à transformação do indivíduo. Ao praticarmos o Hatha Yoga, estamos restaurando e reestruturando nossa mente e nosso corpo. A cada àsana ou postura, procuramos familiarizar nossa mente com a parte do corpo envolvida no trabalho muscular, e para isso precisamos de foco, de concentração, uma das etapas do Raja Yoga que veremos no capítulo correspondente.

O Hatha Yoga tem uma correlação com o primeiro chacra, ou centro de energia vital, chamado na nomenclatura hindu de ***Mula-***

dhara, ou ainda, Chacra Raiz; relaciona-se diretamente ao medo da morte, a sustentação da vida ou sua perda.

Por ser o chacra mais próximo da terra, portanto mais distante do Divino, quando em desequilíbrio produz reações animalescas no ser humano; literalmente, viramos bichos, ou seja, comportamo-nos como sub-humanos, sem critério consciente de certo ou errado..

Logo, o indivíduo age com agressividade e em sua inconsciência pensa: "A tua morte é minha vida".

Em Hatha Yoga, distencionamos todo o corpo por meio das torções, flexões e alongamentos proporcionados pela execução dos **àsanas** ou posturas de Hatha Yoga. Entretanto, é importante começarmos aquecendo as articulações do corpo.

Anatomicamente, articulação significa ponto de contato ou junção de duas partes. Visualize seu cotovelo. Um importante articulador do nosso corpo, que dá flexibilidade e facilita a fusão das partes, no caso, braço e antebraço. Agora imagine se o cotovelo estiver travado, sem movimento... o braço não consegue cumprir seu papel. Nós funcionamos dessa forma, como um cotovelo, e devemos estar livres de bloqueios físicos, emocionais e mentais, facilitando a fusão do Céu com a Terra, tornando-nos divinos tal qual a oração do *Pai-Nosso*, que estudaremos num outro capítulo.

Logo, a prática do Hatha Yoga estimula a harmonia de Muladhara, tirando-nos da inércia. Movimento é Vida!

Basta olharmos a Natureza, observar a diferença entre um ser vivo e um morto. Um ser vivo, seja uma planta ou um ser humano, quando está de posse de sua energia vital, o Prana, é quente e maleável. Já uma planta ou um ser humano sem vida, sem energia vital, torna-se frio e rígido. A vida pede movimento, vamos a ele!

Mais uma vez saímos da teoria para a prática da vida.

No Hatha Yoga, nosso corpo físico é como sabemos, o veículo que nos levará ao encontro do arco-íris. Dentro do Yoga a jornada é a soma de tudo.

No Hatha Yoga tradicional, ou à maneira clássica, buscamos a manutenção da postura por um determinado tempo, observando a respiração, veículo primeiro da prática. Diante dos efeitos físicos da postura, você percebe como a sua mente se comporta e aprende a acalmar-se, mudar seu padrão emocional e alterar por fim seu processo mental. Essa prática, durante as aulas, vai modificando antigos padrões, dando lugar aos novos e mais saudáveis. Assim, vemos novamente que Yoga é uma ciência que trabalha a mente e utiliza o corpo como veículo para alcançá-la. A isso, Gorakshanatha, um mestre hindu, chamou de Yoga Avançado!

Essa é a prática que realizamos em nossas aulas. Avançado não significa fazer posturas mirabolantes, que na maioria das vezes só fazem crescer o ego, em vez de educá-lo e transformá-lo, como veremos a seguir, trabalhando as bases do Hatha Yoga. Como fazemos com um animal feroz? Não matamos nosso animal, nós o acolhemos e ensinamos maneiras novas e mais corretas de agir sem violências nem manipulações.

Ao trabalharmos Hatha Yoga, fortalecemos a estrutura de *Muladhara*, tornando-nos mais seguros, portanto, menos agressivos, o que corresponde ao primeiro passo dentro dos oito passos do Raja Yoga, *Yamas*, que em sânscrito significa "controle".

YAMAS no Hatha Yoga

Yamas é um treinamento moral, em que procuramos vencer a inércia e amenizar a densidade física e mental. É composta de cinco códigos de ética:

Ahimsa, a não violência; 2. *Satya*: não mentir; 3. *Asteya*: não roubar; 4. *Brahmacharya*: não desperdiçar energia sexual; 5. *Aparigraha*: o não apego.

1. AHIMSA no Hatha Yoga:

Ahimsa é um dos pilares de sustentação do Raja Yoga, e fundamental na prática dos àsanas do Hatha Yoga.

Na vida, diga não às violências. Observe o quanto você se violenta mentalmente, prendendo-se a medos passados; violenta seu corpo alimentando-o mal, desnutrindo-o, enchendo-o de tensões desnecessárias. Começamos treinando internamente, para assim aprendermos a não violentar as pessoas e todo o universo fora de nós.

Ao executar uma postura de Hatha Yoga, e querer impor um trabalho vigoroso além de seus "limites", que podem gerar prejuízo às articulações, por exemplo, é visto como violência dentro da filosofia do Yoga.

Supervalorizar a prática de posturas sem observar os aspectos energéticos como, por exemplo, os pranayamas, é não cumprimento de Ahimsa!

2. SATYA no Hatha Yoga:

Na vida, busquemos a verdade, seja por meio da ciência, da observação da natureza ou pela meditação. Encontre e ande dentro dessa verdade.

No Hatha Yoga, olhe para si mesmo, e saiba com clareza qual o seu objetivo pessoal, sua intenção dentro de cada àsana, o que espera e busca na prática de cada um.

3. ASTEYA no Hatha Yoga:

Na vida, seja íntegro! Consuma e tome para si apenas o que é seu por direito divino e sagrado, não roubando a energia de nada nem de ninguém, seja ela material ou não. Aqui entramos no conceito de viver com simplicidade, validando os dois conceitos anteriores da prática da não violência e do não mentir.

No Hatha Yoga, não tome posse de um àsana apenas para massagear o ego, acumulando aplausos de outras pessoas; o Yoga é um estado natural e individual. Lembre-se, portanto, do conceito anterior e mantenha o foco no seu objetivo pessoal.

4. BRAHMACHARYA no Hatha Yoga:

Na vida, conserve sua energia primordial e conserve-a limpa. Observe com quem troca energia sexual!

No Hatha Yoga, procuramos focar nossa atenção nos músculos que atendem a boa realização do àsana, não desperdiçando energia.

5. APARIGRAHA no Hatha Yoga:

Na vida, troque o Ter pelo Ser. Quando pensar no planeta, pense como o quintal de sua casa; estamos no mesmo barco. Assim desapegamos da ideia de meu isso, meu aquilo! Desapegue-se de coisas e pessoas quando esse "ter" causar sofrimento a si mesmo ou a outros.

No Hatha Yoga, entregue sua prática a D-us!

Lembrando que um dos significados da palavra Yoga é União, o segundo passo do Raja Yoga são Niyamas, também utilizados no Hatha Yoga, fortalecendo suas estruturas, juntamente com os Yamas.

NIYAMAS no Hatha Yoga

Como vimos, os **Yamas nos indicam o que devemos evitar**. Assim como ervas daninhas, devem ser observadas e arrancadas para então deixar que floresçam as flores, os **Niyamas nos indicam o que devemos fazer** para adquirirmos uma nova postura de vida.

Enquanto Yamas nos ensina como interagir com o mundo exterior, Niyamas nos indica como lidar com os aspectos internos do nosso ser, as virtudes que devemos cultivar.

São também em número de cinco:

1. Saucham: Pureza – 2. Santosha: Contentamento – 3.Tapas: Austeridade – 4. Svadhyaya: autoanálise – Iswara-Pranidhana: viver a realidade espiritual.

1. SAUCHAM no Hatha Yoga:

Na Vida, procure observar as reais intenções que o levam a essa ou aquela escolha, mantendo-se alinhado com seu padrão energético-espiritual.

No Hatha Yoga, mantenha-se conectado à sua respiração durante a prática das posturas, concentre-se.

2. SANTOSHA no Hatha Yoga:

Na Vida, viva um dia de cada vez, observando a beleza que há em sua volta, valorizando cada uma de suas conquistas. A simplicidade nos conduz ao Contentamento, que nesse caso significa "sentir-se preenchido de D-us", conectado, pleno.

Pratique Santosha, sobretudo nos momentos difíceis. Quando algo o estiver amedrontando ou aborrecendo, imagine um disco cortado em 12 fatias, em que dois estão dando defeito, mas ainda assim, dez estão funcionando bem. Olhe para o que tem, em detrimento do que não tem. Isso é Santosha!

No Hatha Yoga, sinta a conexão com o divino, através de cada Inspirar e Expirar. Lembre-se de que a respiração é a presença de D-us conosco desde o primeiro instante de vida, quando inspiramos e nascemos, até o último momento, quando expiramos e morremos!

3. TAPAS no Hatha Yoga:

Na Vida, esforce-se para vencer seus desafios interiores, mantendo-se firme com relação a seus propósitos e objetivos espirituais. Tapas está intimamente ligado à disciplina, e vem da raíz do sânscrito *tap*, que significa "queimar", o que me remete ao querido Chico Xavier, médium brasileiro, que recebeu de seu mentor Emmanuel a seguinte instrução a fim de atingir sua meta: 1º Disciplina, 2º Disciplina e, em 3º, Disciplina.

No Hatha Yoga, ao executar a permanência numa postura, exercite Tapas. Ao pensar em desfazer a postura, pergunte a si mesmo: estou desfazendo a postura porque estou com dor? Se estiver, desfaça e pratique Ahimsa. Mas, se a resposta interna for: estou incomodado, mantenha-se firme na postura, foque na respiração e acalme o coração.

4. SVADHYAYA no Hatha Yoga:

Na Vida, caminhe atento à sua verdadeira natureza. Conheça a natureza de suas ações, sejam físicas ou mentais, e, sobretudo, lembre-se de que você tem a força da semente divina em si.

No Hatha Yoga, observe, sinta, perceba suas sensações físicas, emocionais e mentais enquanto executa a postura, honrando o momento que é só seu, apoderando-se das experiências de sua alma em infinitas eras!

5. ISWARA-PRANIDHANA no Hatha Yoga:

Na Vida, aprenda e exercite as palavras ensinadas pelo prof. Hermógenes: "ENTREGO. CONFIO. ACEITO. AGRADEÇO". Isso é Iswara-Pranidhana. Essa entrega requer a força da semente latente em nós, talvez por esse motivo seja o último dos Niyamas.

No Hatha Yoga, desapegue-se do resultado, apenas faça, entregue-se, mergulhe no seu trabalho interno, sinta a postura, a perfeição está no trajeto, e não no final do percurso.

Hatha Yoga é, portanto, a fusão de vários aspectos e ferramentas que visam à purificação do corpo e da mente. Muito além apenas das posturas, contamos com conceitos altamente filosóficos que enaltecem e nos trazem de volta ao encontro de nossa natureza divina.

Hatha Yoga não se resume em posturas, que produzem alongamentos, flexões e massageamento interno e externo, utiliza Mudras, Pranayamas, Kriyas e Meditações. As práticas dos àsanas são apenas a porta de entrada para o autoconhecimento e reconexão com sua natureza divina, queimando a falsa sensação de solidão, o medo inconsciente da desconexão, limpando-o de culpas, das suas e aquelas que se atribui aos outros.

Caminhando assim, podemos perceber a diversidade de benefícios que o Hatha Yoga permite ao praticante servindo como base para sua saúde, física, mental e emocional, que harmonizadas refletem a luz da espiritualidade.

Sabemos, portanto, que executar um àsana ou postura é muito mais do que uma ação física.

Ásanas, Yamas e Niyamas – o Triângulo Luminoso

Este livro, diferentemente dos anteriores, não enfatiza quantidade de posturas. Deixo uma sequência para que possa inspirá-lo em sua prática pessoal.

Procure dentro do seu conhecimento de Hatha Yoga, por meio de livros, de minha autoria ou não, colocar em seu plano de prática quatro ou cinco tipos de posturas:

Em pé; sentada ou de joelhos; deitada e uma invertida ou semi-invertida, dentro de sua possibilidade física, observando sempre os conceitos de Yamas e Niyamas na execução do àsana, para não lesionar nenhum músculo.

Postura em pé

TADASANA, a Postura da Montanha, sob a luz de Yamas e Niyamas.

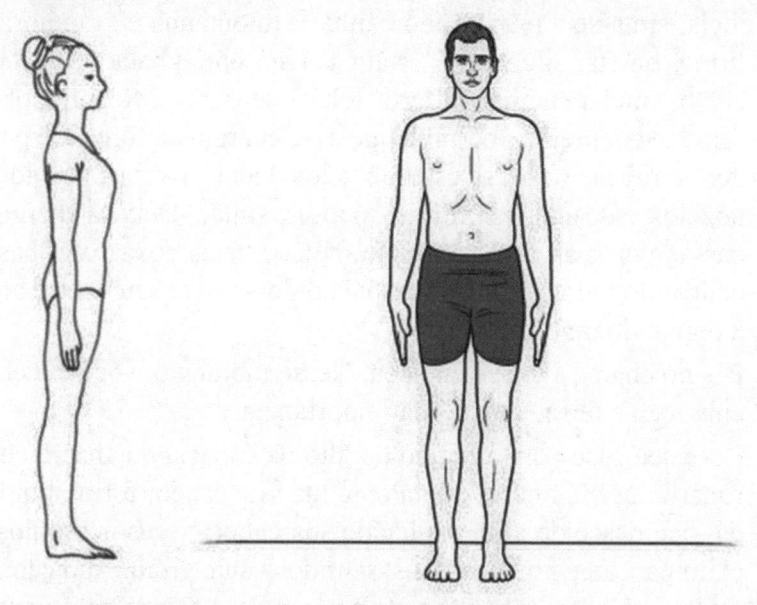

Aparentemente uma postura de simples execução. Olhando de fora, você nota apenas uma pessoa parada, e se pergunta: é isso aí? Esse povo fica parado aí e fala que é uma delícia? *Risos*.

Por isso, minha fase trabalho desde que comecei a dar aulas é: YOGA – SÓ QUEM PRATICA, SABE!

Execução:

- Feche os olhos para tudo que está fora de você.
- Observe, sinta, perceba sua respiração: lenta, tranquila e serena, pelas narinas.
- Sinta seus pés no chão e espalhe o peso do corpo em toda a planta do pé, não apenas nos calcanhares.

- Execute Tadasana: mantenha os pés próximos e paralelos; contraia a musculatura das coxas; encaixe o quadril colocando o cóccix ligeiramente para baixo; mantenha o abdome contraído; abra o peito, levando os ombros para trás e para baixo, e deixe os braços estendidos ao lado do corpo com a ponta dos dedos virados para baixo; sinta o fluxo de energia em suas mãos... e, finalmente, mantenha a cabeça alinhada à coluna.
- Lembre-se: você está na Postura da Montanha; mergulhe na ideia, sinta-se a própria montanha. A montanha é grandiosa, firme, quieta, silenciosa, estática. Está entranhada na terra; então, sinta a energia da terra sob os seus pés... Respire, observe...sem pressa...permita que essa energia de força, de poder de regeneração, se espalhe pelos dedos dos seus pés, tornozelos, calcanhares...respire, pause e sinta... Deixe a energia passar por suas pernas e panturrilhas, pelas coxas, virilhas, ocupando todo o quadril e espalhando-se pelo seu ventre até a região do umbigo. Respire!
- Pés no chão e a cabeça no céu. Nesse momento, você é o elo entre céu e terra, sinta a sua importância.
- Leve seu foco para a região do alto da cabeça, no chacra coronário. Mentalmente, sinta uma luz branca, em forma líquida, que desce do alto, banhando sua cabeça, seus neurônios, e limpa cada um dos seus sentidos: sua visão...audição...olfato...paladar...e banha toda a sua pele. Escorre pelos seus ombros, braços, cotovelos, antebraços, pelas suas mãos e dedos das mãos. Banha em luz suas costas, seu pescoço, todo o seu peito e tronco... Respire e observe...sem julgar.
- Pés no chão, cabeça no céu...leve agora seu olhar para o horizonte...alongue seu olhar...a perder de vista!
- Mantenha-se firma como a montanha. Se houver ondulações, apenas observe, e mantenha seu coração tranquilo, não permitindo descargas de adrenalina.
- Lembre-se de que os mestres escolhem as altas montanhas e buscam uma caverna para meditarem. Você é essa montanha,

então entre na caverna mágica do seu coração e sente-se confortavelmente em frente ao mestre que o aguarda amorosa e silenciosamente. Mantenha-se em silêncio e desfrute as bem-aventuranças lançadas por ele para você!
- Quando decidir voltar, despeça-se com gratidão por esse momento de paz e unidade.

Essa é uma postura-mestra, um àsana de meditação em pé. Segundo Iyengar, "é essencial dominar a arte de ficar de pé corretamente". Requer a utilização de todos os conceitos de Yamas e Niyamas e vai além, trabalhando as etapas interiores do Raja Yoga que veremos a seguir: concentração, introspecção e meditação. Tadasana nos dá firmeza, estabilidade, e nos aterra.

Postura de Joelhos

- USTRASANA, a Postura do Camelo, sob a luz de Yamas e Niyamas.

A Postura do Camelo é uma retroflexão intensa, que promove a extensão de todo o corpo, estimulando e revigorando-o. Mas, o Yoga sempre vai além do que nossa visão alcança. Essa postura abre um campo imenso de trabalho, abrangendo todos os Yamas e Niyamas como veremos.

Contruindo para a Postura: na posição de joelhos, separe-os na largura dos quadris e deixe o dorso dos pés apoiados no chão;

Compensação

- Apoie as mãos sobre os rins;
- Relaxe os músculos da nuca e do pescoço, soltando o peso da cabeça para trás e deixando a garganta bem alongada;
- Abra bem o peito, levando os ombros para trás;
- Enquanto expira, leve a mão direita até o calcanhar, segurando-o, e faça o mesmo com o lado esquerdo;
- Aumente a curva da coluna empurrando a pelves para frente;
- Enquanto mantém a respiração tranquila, mantenha o arco das costas firme, mantendo a pélvis para frente;
- Ao desfazer, <u>compense a coluna</u>, dobrando-se sobre os joelhos, com os braços ao longo do corpo, em *Balásana*, Postura da Criança.

Os efeitos físicos são muitos: começam pelo alongamento de todos os músculos abdominais, fortalecendo-os e beneficiando órgãos e vísceras; dá flexibilidade à coluna, tonificando e fortalecendo as costas; aumenta a capacidade pulmonar em função da abertura torácica; acentua a mobilidade das articulações de ombros e braços; estimula as glândulas Tireoide, Paratireoide e Pituitária, entre outros benefícios.

Porém, o Yoga está além do simples trabalho físico e fisiológico.

Nossa prática requer atenção aos Yamas e Niyamas dentro da postura, certo? Então:

1 – O que o nome do àsana tem a ver com sua prática?
2 – O que ela trabalha mais intensamente?
3 – Qual o significado de cada gesto conjunto com a respiração?
4 – Quais os Yamas e Nyamas envolvidos nessa prática?
5 – O que você sente agora, consciente do trabalho completo? Essa pergunta, só você pode responder! Pratique e descubra o que é Yoga.

Encontramos todas as respostas observando Yamas e Niyamas!

1 – O camelo é um animal forte, que enfrenta dificuldades extremas e ainda assim lida bem com elas. Vamos praticar Ahimsa, desenvolvendo nossas forças física e emocional,

fortalecendo o poder da vontade, sim, mas o façamos sem prejudicar nossas articulações. Com cuidado, conscientes de nosso corpo e emoções envolvidas no trabalho. Se não conseguir segurar os dois calcanhares, faça apenas um lado; se houver desconforto nos joelhos, faça sobre um cobertor dobrado para não prejudicá-lo; fique menos tempo, buscamos qualidade e não quantidade! Pratique Asteya, lembre-se que a perfeição é relativa. O que é perfeito para o meu corpo e minhas articulações pode não ser para as suas; logo, faça no seu ritmo e possibilidade! E, sempre, volte-se para a respiração, observe a si mesmo, e entregue sua prática a D-us!

2 – Quando você executa a postura, percebe claramente a abertura energética. A energia passa como um rio, abrindo todos os canais, desde o baixo ventre, passando pela região umbilical, pelo peito aberto, pela garganta, e você, então, sente a energia até o centro da cabeça suspensa. Mas, destaca-se a amplitude do Chacra cardíaco. Abra seu peito, abra-se à vida com coragem! Pratique Saucham, mantendo-se conectado à sua respiração e às sensações físicas e extrafísicas que o Camelo proporciona.

3 – Na Inspiração, o Camelo abre seu peito, libera a energia entre todos os chacras; enquanto na expiração você "se lança" para trás, para o passado, trabalhando e liberando velhas energias, limpando velhas feridas emocionais, banhando-se no oásis de luz depois de passar pelo deserto do sofrimento. O Camelo é a postura ideal para a prática de Tapas, disciplinando sua mente, mantendo a postura, observando e percebendo a diferença entre dor e incômodo.

Um breve relato sobre a psicologia envolvida na Postura do Camelo: tive um aluno, Robson, que era extremamente flexível, exceto quando eu dava a Postura do Camelo. Ele executava a postura completa, mas não conseguia fazer a preparação da postura, que é mais simples. Na preparação trabalhamos de joelhos, arqueamos o peito levando os ombros para trás e soltando os braços e pescoço na expiração, e voltamos inspirando e alinhando novamente a coluna e o pescoço, para, posteriormente, novamente expirarmos fazendo a abertura peitoral e soltando-nos para trás com os braços soltos. Mais fácil? Pois bem, ele não conseguia. Ficava tenso, sentia dores! Como assim, se ele fazia a parte mais difícil que é descer, aumentando o arco da coluna e segurando ambos os calcanhares?

Respondo: reflexo emocional de condicionamento na vida profissional.

Robson era um profissional muito bom e respeitado em sua área, mas só conseguia desenvolver projetos quando o fazia em parcerias. Não conseguia dar sequência em projetos sozinho, ou seja, precisava sentir-se apoiado.

Na preparação da postura, lançamo-nos para trás com os braços soltos, sem apoio. Enquanto na postura completa, seguramos os calcanhares com as mãos, o que provavelmente dava uma sensação de apoio e firmeza a ele.

4 – Todos os conceitos são envolvidos nessa prática, mas dois são essenciais à Postura do Camelo: SVADYAYA, que pede atenção plena a todos os processos internos, reconhecendo os medos e inseguranças gerados na execução da mesma. TAPAS, conforme observado anteriormente.

Ao final, a postura de compensação é Balásana, em que você irá aliviar a região lombar da coluna, agora flexionada para a frente, aumentando os espaços intravertebrais e relaxando toda a coluna, relaxando todo o sistema nervoso central. É hora de descansar a mente e acalmar suas emoções. Mas lembre-se: "Camelar" é preciso!

Finalizando o capítulo de Hatha Yoga, tenha em mente que, nem a qualidade nem a quantidade ou perfeição das posturas que você executa o levarão ao Nirvana ou Samadhi, a Iluminação. Então desapegue-se, Yoga é liberdade!

O objetivo final de todo Yoga, seja Hatha, Tantra, Karma, Bhakit, Mantra, Jnana ou Raja Yoga, é lembrá-lo de sua natureza divina!

Postura Deitada

- BHUJANGASANA, a Postura da Serpente, sob a luz de Yamas e Niyamas.

De fácil execução, porém com inúmeros resultados, principalmente para o universo feminino.

Deite-se de barriga para o chão, mantendo unidos os joelhos e os pés; posicione suas mãos ao lado das orelhas, mantendo os cotovelos próximos ao corpo e a testa no chão.

Em seguida, durante a inspiração, empurre o chão, elevando o tronco, contraindo os glúteos para sustentar a lombar, levando a cabeça para trás; mantenha o pescoço estirado, enquanto seu olhar volta-se para cima. Observe a pausa respiratória.

Em seguida, durante a expiração, desça e volte ao início.

Agora, vamos executar a mesma postura, à luz de Yamas e Niyamas!

Vamos observar:

1 – O que o nome do àsana tem a ver com sua prática?
2 – Qual a peculiaridade da serpente?
3 – Por que ela trabalha mais intensamente os aspectos femininos?
4 – Qual o significado de cada gesto conjunto com a respiração?
5 – O que você sente agora, consciente do trabalho completo?

Encontramos todas as respostas observando Yamas e Niyamas!

A serpente contém veneno, que, se devidamente trabalhado e manipulado, se transforma em antídoto. Será que temos veneno dentro de nós? Que nada mais são do que mágoas, ressentimentos e medos que carregamos. O antídoto está em transformar essa energia pelo poder curativo do Amor, perdão e autoperdão!

A serpente é um animal que troca de pele, renovando-se periodicamente, jogando fora a pele grosseira que já não lhe serve mais. O que isso tem a ver conosco?

Que tal Ahimsa? Libertando-se de velhos hábitos e condicionamentos que não nos acrescenta nada!

Que tal Satya? Execute a postura sabendo de seus benefícios!

Que tal Asteya? Execute a postura de olhos fechados concentrando-se em cada passo do trabalho, desapegado do trabalho dos outros!

Que tal Brahmacharya? Concentre nos músculos que podem ajudá-lo a compor a postura, a fim de experimentar todos os benefícios, não desperdiçando energia!

Que tal Aparigraha? Execute a postura focando na respiração, consciente que respira Prana (energia divina), não apenas oxigênio, e assim entregando-se totalmente à sua execução, como se a fizesse mostrando-se a Ele!

Ao realizar a prática desse modo, estará automaticamente trabalhando Saucham, pois estará focado na sua energia; Santosha, pois sentir-se-á pleno de energia após sua execução; Tapas, pois para entrar nessa conexão terá empregado disciplina; Svadhyaya, pois estará desfrutando as bem-aventuranças da introspecção; e, finalmente, Iswara-pranidhana, pois estará pulsando com o Universo dentro e fora, sem tempo e espaço, só Om.

O massageamento que ocorre durante a elevação beneficia os ovários, o útero, e alivia distúrbios da menstruação. Comprime as glândulas suprarrenais, evitando cálculos renais; produz distensão nas glândulas do pescoço, no pâncreas, combate males de origem endócrina, beneficiando todo o sistema hormonal.

Você inicia a postura de barriga e testa no chão. A cada inspiração eleva o tronco, a cabeça, abrindo a garganta e elevando seu olhar. Literalmente, a postura da serpente o tira do chão, faz você olhar para cima com coragem, retirando seus venenos, convertendo-os em antídoto; renovando os hormônios, ativando o plexo solar, cardíaco e a faringe. Essa maravilhosa postura de Hatha Yoga eleva a autoestima, dissolve os complexos de inferioridade e a timidez! Um brinde à Bhujangasana!

E agora, consciente de todo esse processo, recomece, execute a postura com tudo de bom que ela oferece, observando os Yamas e Niyamas, que enriquecem o trabalho.

Desta forma, estaremos cumprindo o objetivo: Hatha Yoga está inserido em Raja Yoga, e nos leva direto à Bhakit Yoga, abertos à Energia Primordial.

Postura Invertida

SARVANGASANA, a Postura da Vela, à luz de Yamas e Niyamas.

Sarvangasana

Viparita Karani Mudra

Inspiro-me na frase do prof. Hermógenes para definir o trabalho com as Posturas Invertidas: "Assim como todo remédio potente, seu uso deve ser prudente".

São consideradas Posturas Invertidas ou semi-invertidas aquelas em que o quadril fica acima do nível da cabeça. Note que há duas figuras, sendo a da esquerda *Sarvangasana* ou Postura da Vela, ou ainda Postura de Pouso sobre os ombros, e logo à direita uma postura considerada em algumas literaturas como Mudra: *Viparita Karani Mudra* ou Postura da Foice.

Em ambas, o praticante obterá os mesmos efeitos terapêuticos, só que em doses menores que na meia invertida. Porém é importante lembrar-se de Ahimsa, pois se você não está em condições físicas para executar uma, poderá optar pela versão mais simples e alcançar os mesmos resultados.

Reforçando o conteúdo da frase do prof. Hermógenes, é necessário deixar registrado que as Posturas Invertidas oferecem muitas contraindicações, por este motivo, deixo aqui uma opção mais simples e não menos potente.

Execução de Sarvangasana:

- Inicie deitado de costas com o corpo estendido no chão, os braços ao longo do corpo e as mãos voltadas para baixo;
- Durante uma inspiração, eleve as pernas em riste e unidas num ângulo de 90 graus;
- Eleve o quadril, apoiando as mãos sobre os rins, aproximando ao máximo os cotovelos, mantendo o queixo pressionado de encontro ao peito;
- Mantenha as pernas estiradas e firmes num ângulo de 90 graus, por 2 a 3 minutos, ou apenas algumas respirações se for iniciante.
- Volte dobrando os joelhos, apoie as mãos no solo, desça o tronco lentamente, até a coluna estar apoiada; devagar, apoie um pé de cada vez, estirando as pernas.
- Mantenha-se em repouso por alguns minutos.

Embora essa seja a postura que mais beneficia a Tireoide, se houver algum tipo de lesão na cervical, opte pela postura 2. A Postura da Foice.

Execução de Viparita Karani Mudra:

- Inicia-se da mesma forma que sarvangasana: deitado de costas com o corpo estendido no chão, os braços ao longo do corpo e as mãos voltadas para baixo;
- Durante uma inspiração, eleve as pernas e os quadris, mantendo as mãos apoiadas sobre os rins, aproximando os cotovelos que fazem a base de sustentação do corpo;
- Mantenha as pernas elevadas num ângulo de 45 graus;
- Mantenha-se na postura no seu tempo, observando sempre a respiração;

- Ao desfazer, faça-o passo a passo, sem pressa, dobrando os joelhos, desenrolando a coluna no chão, apoiando um pé de cada vez e soltando as pernas;
- Mantenha-se em repouso por alguns minutos.

Os benefícios são amplos:

- Estímulo da circulação sanguínea em todo o corpo, consequentemente: maior irrigação no cérebro, coração, pulmões, coluna vertebral, atenuando problemas de varizes e inchaços nas pernas, frescor aos músculos faciais;
- Equilíbrio de todo o Sistema Nervoso e Endócrino, consequentemente trazendo vitalidade às pessoas letárgicas; combate a depressão;
- Contribui para o processo digestivo, eliminando toxinas e fortalecendo a posição dos órgãos e vísceras abdominais;
- O benefício nas vias respiratórias é fantástico, para casos de bronquite e asma;
- Combate tensões pré-menstruais;
- Rejuvenesce o praticante assíduo em seis meses de prática.

Contraindicações para ambos os casos:

- Alterações de pressão arterial: dependendo do caso, faça, mas por pouco tempo;
- NÃO FAÇA se sofrer de insuficiência cardíaca, doenças oculares crônicas, ou qualquer tipo de sangramento facial (nariz, gengivas);
- EVITE nos períodos de menstruação.

Pela importância dada a essas posturas, deve-se observar TODOS os Yamas e Niyamas em sua execução.

A seguir, uma das práticas mais difundidas dentro do Hatha Yoga, para que você tenha mais opções de prática pessoal. Novamente, peço que use todos os conceitos de Yamas e Niyamas, faça-o meditando!

Aprenda primeiro as posturas, sinta seu corpo, cada músculo se alongando, observe sua respiração calma e mantenha essa calmaria, deguste a experiência corporal. Em seguida, aprenda a sequência. Depois absorva os pranayamas, ou exercícios respiratórios, para então levar sua prática à meditação.

Em seguida, dentro da minha natureza e consciência Bhakta, utilizo a Oração do Pai-Nosso na abertura das aulas, irradiando a energia e a Presença do Mestre Jesus.

O Pai-Nosso no Hatha Yoga

Leonardo Boff define o *Pai-Nosso* como uma Oração de Libertação Integral, o que me remete ao Yoga.

Da mesma forma que o Yoga foi deixado pelos sábios em épocas imemoriais, para ser usado como instrumento de curas emocionais, mentais e sociais, assim o é a oração do *Pai-Nosso*. Veremos logo a seguir que o Senhor, que na Tradição Yogue chamamos de Absoluto, deu a Jesus a incumbência de nos ensinar.

A oração está claramente separada em duas partes, referindo-se aos chacras superiores e os chacras inferiores na segunda parte, finalizando com o Amém, como veremos a seguir.

D-us mostra que sabe de nossas necessidades e dificuldades em viver aqui no plano denso, e nos deixa Sua Presença na segunda parte da oração do *Pai-Nosso*. O Pai quer que cresçamos por nosso mérito e nos deixa uma ferramenta para voltarmos para casa, com nossos "títulos de Doutores na Vida" adquiridos por mérito próprio, e não apenas um título herdado.

Outra maneira de praticarmos posturas ou àsanas é trazendo a energia Divina do Mestre Jesus para nossa prática, por meio da oração do *Pai-Nosso*.

É assim que abrimos nossas aulas de Hatha\Raja Yoga, associando cada frase da oração a um determinado chacra, transformando a prática em meditação!

A Oração do Pai-Nosso

Primeira Parte: refere-se a D-us e aos chacras superiores.

(Pai nosso, que estais no Céu)

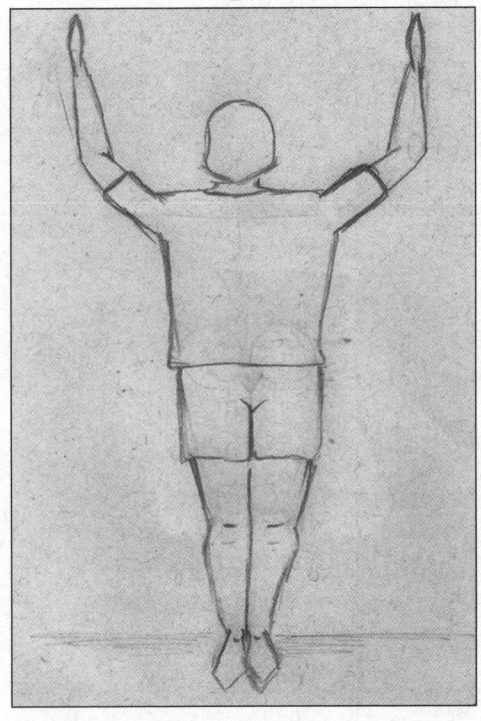

Refere-se ao 8º chacra – Extrafísico...

Inspire, elevando os braços, abrindo-se à energia de D-us!

(Santificado seja o vosso nome)

Refere-se ao 7º chacra – Sahashara – Portal de Brahmam

Corresponde ao Raja Yoga ou Yoga Real, Meditação

Expire, trazendo as mãos unidas sobre o topo da cabeça, local sagrado.

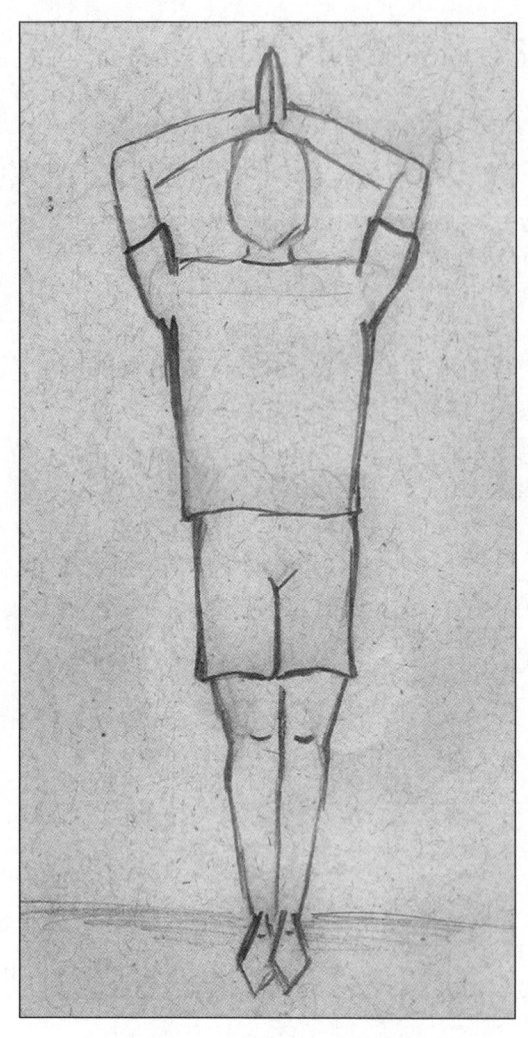

(Venha a nós o Vosso reino)

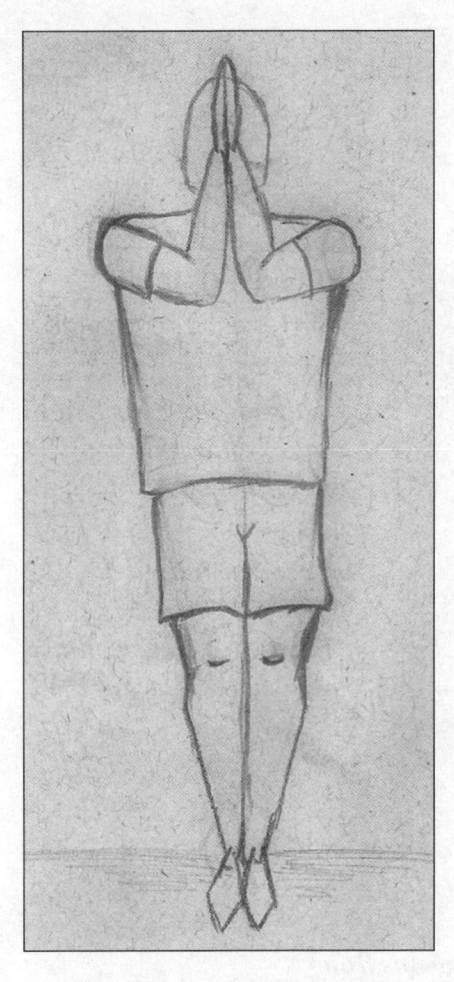

Refere-se ao 6º chacra – Ajna – Discernimento, Inspiração

Corresponde ao Jnana Yoga, Yoga do Discernimento

Inspire, trazendo as mãos unidas e pouse os polegares no centro entre as sobrancelhas. O Reino de D-us, o Discernimento.

(Seja feita a Vossa vontade... assim na Terra como no Céu)

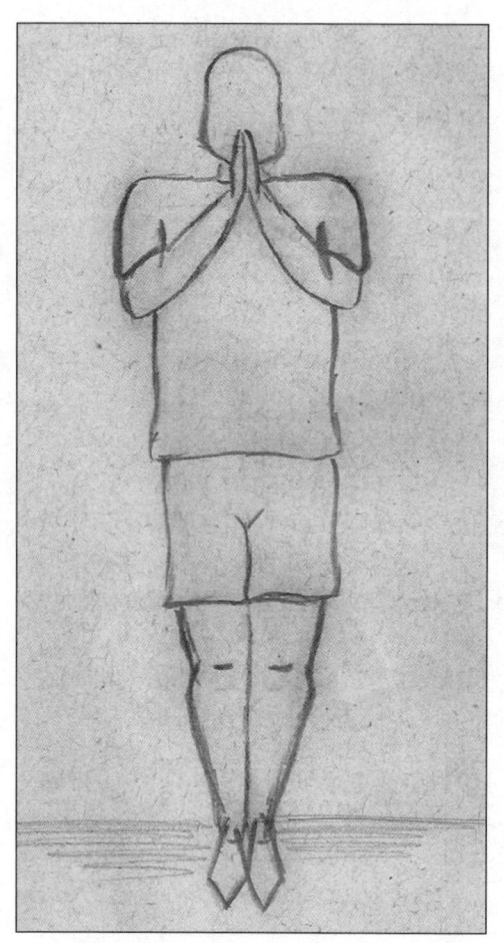

Refere-se ao 5º chacra –
Vishuda – Vontade

Corresponde ao Mantra Yoga

Expire, levando as mãos unidas e tocando a garganta com os polegares.

Recebe a energia da terra, por meio do alimento, e do céu, por meio da respiração.

(O pão nosso de cada dia dai-nos hoje)

A Segunda Parte da Oração, refere-se ao Homem e aos chacras inferiores.

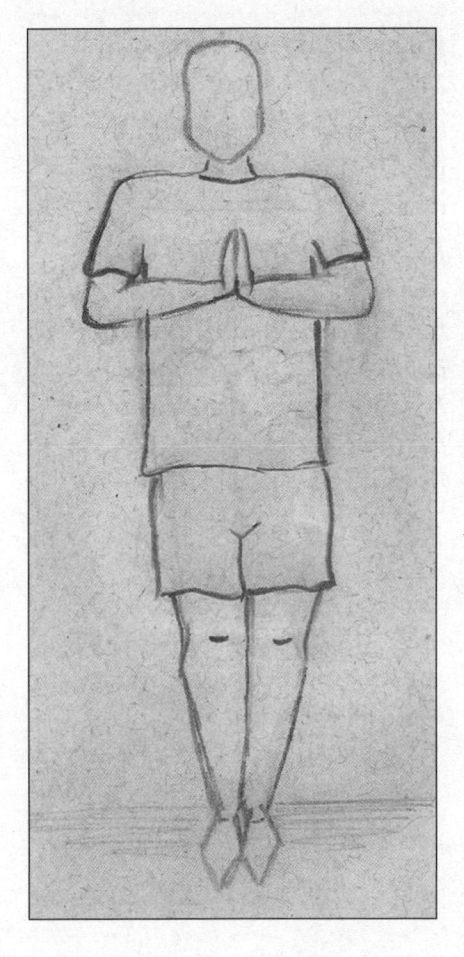

Refere-se ao 4º chacra – Anahata – Fé, Alimento divino

Corresponde ao Bhakti Yoga, o Yoga da Devoção

Inspire, levando as mãos unidas e deixando que os polegares toquem o centro cardíaco, concentrando o alimento espiritual, a fé!

(Perdoai as nossas dívidas, assim como nós perdoamos aos nossos devedores)

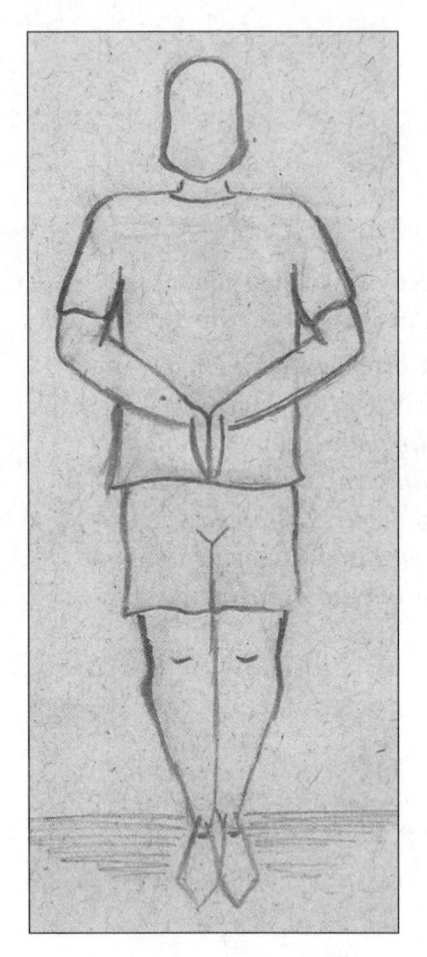

Refere-se ao 3º chacra – Manipura, a joia do Yogue

Corresponde ao Karma Yoga – O perdão como forma de cessação do carma

Expire, gire os pulsos, apontando as mãos unidas para baixo, começando o trabalho com os chacras inferiores. Perdão é a palavra de ordem neste Chacra.

(Não nos deixeis cair em tentação)

Refere-se ao 2º chacra – Swadsthana, Sexualidade, Procriação

Corresponde ao Tantra Yoga, o Yoga da Fusão Divina entre Shiva e Shakti, Masculino e Feminino.

Inspire, levando as mãos aos órgãos genitais, para observarmos a pureza da natureza sexual.

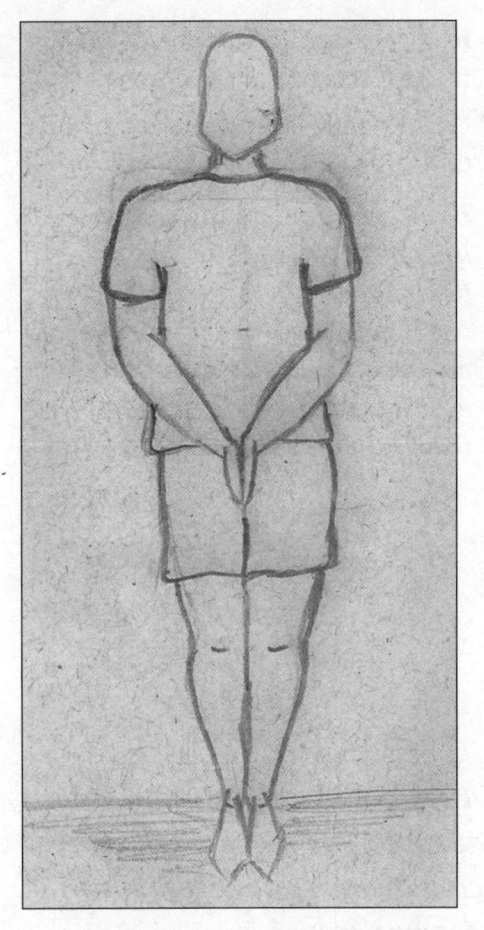

(mas livrai-nos do mal)

Refere-se ao 1º chacra – Muladhara, Segurança, Vida e Morte

Corresponde ao Hatha Yoga, o Yoga do Corpo

Expire, tocando o solo com as mãos unidas, de pernas esticadas ou flexionadas.
Neste caso lembramos que a morte não é o fim, de que somos seres espirituais vivendo num corpo físico. O mal é o medo da morte.

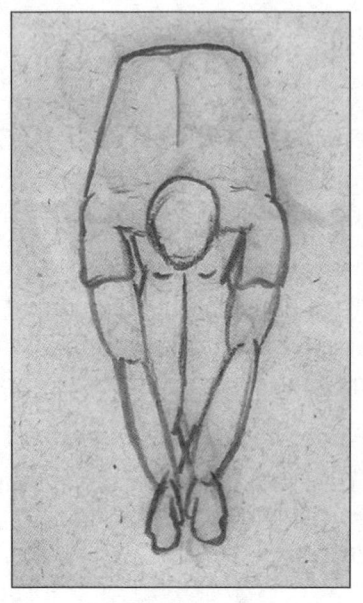

AMÉM!

Após a postura anterior, suba, abrindo os braços, vestindo-se com a energia que simboliza o Amém: Jesus!
E volte ao Chacra Cardíaco, onde pulsa a energia de Shiva, o Tambor Divino que nos faz vivos.

No capítulo seguinte, você encontrará uma parte sobre os chacras, para melhor proveito do trabalho. Ter a consciência do que se faz é relevante!

Purificações: os Kriyas de Hatha Yoga

Kriya, do sânscrito: ação
Da mesma raiz de *kri* = carma
São ações para purificação do corpo em detrimento aos maus hábitos alimentares, emocionais e mentais.

É descrito nas Escrituras do Gheranda-Samhita como "eliminação das impurezas e se resumem em seis atos de purificação, embora o ocidental tenha dificuldade não apenas em aceitar, mas de realizar tais tarefas por questões culturais distintas. Novamente afirmo que o Yoga é uma bênção deixada por mestres hindus para servir à Humanidade, visto que temos contato, nos dias atuais, com ferramentas que datam de cerca de 6 mil anos e que são de grande valia à nossa saúde, que é tudo o que nós temos. Perca a saúde e perderá tudo!

SHAT KARMAS, as seis purificações orgânicas do Hatha Yoga:
Kapalabhati – Trataka – Nauli – Neti – Dhauti – Vasti

Segundo a Medicina Ayurveda, dividem-se em três partes: Kapalabhati, Trataka e Nauli, que são purificações externas do organismo cuja prática promove clareza mental e energia, enquanto Neti, Dhauti e Vasti são purificações internas.

1 – Kapalabhati, limpeza das narinas ou do crânio

Da raiz Sanskrita: *kapala* = crânio
Bhati = luz
É um processo respiratório de eliminação do catarro, pelas narinas, que facilita a prática dos àsanas e demais **Pranayamas**. Sua ação provoca uma carga extra de oxigênio no cérebro; por esse motivo o nome, por causar uma sensação de brilho que alguns experimentam. São expirações fortes e rápidas, pelas narinas, fazendo ruído e

contraindo fortemente o abdome. É recomendado de 9 a 12 vezes, por gerar cansaço e/ou tontura em praticantes iniciantes.

2 – Trataka, ação ocular que gera lacrimejamento

Tratakas limpam e tonificam os músculos e nervos ópticos. São como àsanas executadas com os olhos, servindo ao mesmo propósito: limpam, tonificam, alongam, fortalecem, relaxam e auxiliam na meditação.

Existem várias formas de Trataka, que auxiliam não apenas na manutenção da saúde ocular, mas também na memória e clareza de raciocínio. Deixo alguns exemplos para a sua prática:

Sentado, coluna ereta, olhe fixamente para um objeto à sua frente na direção dos seus olhos; nem abaixo, nem acima. Fixe o olhar no objeto pelo tempo máximo que puder, sem piscar; um dos mais comuns é o uso de uma vela, em que se fixa o olhar em sua chama. Mantenha uma respiração tranquila pelas narinas; não se importe com o que aconteça, mantenha sua prática até as lágrimas começarem a escorrer. Feche então os olhos e mantenha a pós-imagem em sua mente até que se desvaneça. Após isso, esfregue bem as palmas das mãos até esquentarem bem e coloque em conchinha sobre os olhos, deixando--as até esfriarem, para descansar e relaxar os nervos ópticos.

Outra forma de prática que recomendo e uso nas aulas junto com a respiração consiste em: de olhos fechados, ao inspirar desvie seu olhar para a orelha direita; com o pulmão cheio volte o olhar ao centro. Ao expirar desvie seu olhar para a orelha esquerda e, sem ar, volte ao centro. Repita por três vezes. Em seguida, sempre com os olhos fechados; ao inspirar eleve seu olhar até o centro da testa, volte ao centro com os pulmões cheios de ar. Em seguida, ao expirar, desça seu olhar até a ponta do nariz e, sem ar, volte ao centro, relaxando o olhar.

Da mesma forma, esfregue bem as palmas das mãos, aquecendo-as, e leve em conchinha até os olhos para que absorvam o calor. Repita por três vezes. Em seguida, observe a respiração tranquila e entre em meditação.

3 – Nauli, limpeza dos intestinos por meio de massageamento

Nauli é um dos mais difíceis de serem executados, por este motivo, caso não esteja preparado para sua prática, utilizamos como ponto de partida para este trabalho o Uddiyana bandha, do seguinte modo: expire e mantenha o abdome totalmente contraído, que pressiona os órgãos internos contra a espinha dorsal e eleva ao máximo o diafragma. Repita de quatro a cinco vezes caso se sinta confortável.

Nauli-kriya consiste em movimentar o músculo abdominal, para a direita e para a esquerda após a expiração, com os pulmões vazios, pressionando, assim, os órgãos internos contra a espinha dorsal, enquanto eleva o diafragma.

Faz-se desta forma: em pé, com os pés afastados à altura dos quadris, e flexionando levemente os joelhos, mantendo assim o corpo inclinado à frente; apoia-se as palmas das mãos sobre as coxas com os dedos voltados para dentro e expira-se contraindo totalmente a parede abdominal, procurando deslocar o músculo para a direita e para a esquerda, causando o massageamento. Em seguida, com a prática, migra-se para as ondulações, em sentido horário e anti-horário.

É importante comentar que a prática deve ser feita durante o tempo de expiração, com os pulmões vazios. Precisando inspirar, cesse o trabalho e recomece. Recomenda-se ao iniciante executar de 10 a 20 vezes ao dia.

4 – Neti – purificação das narinas

É a limpeza das fossas nasais, que agrega também a região dos olhos. Há várias técnicas de limpeza dos seios nasais, entretanto a mais divulgada e adequada à nossa cultura é o uso do Jala Neti, ou limpeza com água.

É feito usando-se um aparelhinho semelhante a um bule, com água morna e sal, que passa de uma narina à outra, denominado Lota, pronunciado com "o" fechado.

O processo científico é chamado de Difusão por Capilaridade, ou seja, quando a água morna com sal passa de um lado para outro, vai encharcando os ossos da face, mantendo-os umedecidos e tratados pelos componentes químicos do sal. Enquanto isso, o corpo vai absorvendo todo o resíduo de muco que amolece lentamente, depois de feito o processo da limpeza. O muco que sai na hora é apenas uma pequena parte do que estava sobrando no organismo. Ultimamente venho indicando um similar, de nome nasalpote. É leve e facilita levar em caso de viagem por ser de plástico, especial para o trabalho.

Há cerca de cinco anos venho realizando um trabalho de divulgação do uso do Lota entre praticantes e não praticantes de Yoga. Como há pouca literatura disponível aqui no Brasil, saí em busca de informação e consegui, por meio do terapeuta Luiz Figueiredo, também professor de Yoga e dono da marca Lota, a indicação de um pequeno e maravilhoso livro do Dr. David Frawley: *Neti: Segredos Terapêuticos do Yoga e do Ayurveda*. Realmente, um tratado importante e seguro sobre o assunto, que consta na Bibliografia desta obra.

Minha busca veio da necessidade de alunos novos que chegavam com sérios problemas respiratórios e tinham dificuldade em respirar nas aulas de Hatha Yoga. Por causa da enorme importância de uma boa respiração para a prática de Posturas e Pranayamas, passei a promover, antes da aula de Hatha Yoga, a limpeza das narinas, e tivemos gratas surpresas, meus alunos e eu.

Um dos meus alunos, Flávio César, após ter faltado em duas aulas, algo não costumeiro para ele, que era assíduo, contou-nos ter passado uma semana difícil com infecções nasais. Bem naquele dia, estávamos fazendo o uso do Lota, e foi o que ele também fez.

Como havia alguns potes à venda, ele comprou e fez novamente o uso, seguindo minhas orientações que foram: usar todos os dias pela manhã e à noite durante uma semana, espaçar para dias alternados e, depois, uma vez por semana ou quando sentisse necessidade.

Aconteceu que ele, Flávio, fez a limpeza das narinas novamente, ao chegar em casa, e dormiu bem. No dia seguinte, comprou o remédio que já usava há dois anos e, ao chegar em casa, percebeu que havia comprado o remédio errado, então fez novamente a limpeza, e novamente dormiu bem. No terceiro dia, decidiu não trocar o remédio, mas deixá-lo de lado, e fazer o teste. Novamente fez a limpeza das narinas e voltou a dormir bem sem o remédio. Daí então, não voltou mais a usar medicamento nenhum, apenas a limpeza com água morna e sal.

Dou palestras sobre o assunto em rádios, TVs, centros espíritas, comunidades de bairro, igrejas, pois, quanto mais pessoas conhecerem o bem promovido por essa limpeza, melhor. Gostaria de poder fazer esse trabalho em postos de saúde, escolas e em tantos outros lugares, por saber da eficiência e eficácia na manutenção da saúde.

Como utilizar: em pé, com o tronco inclinado para a frente, incline a cabeça para o lado esquerdo, coloque o bico do aparelho na narina oposta, incline-o para que a água passe de uma narina para outra, até que todo o líquido passe, naturalmente. Faça isso respirando pela boca. Em seguida limpe o resíduo fazendo kapalabhati. Repita na outra narina.

Se o canal estiver muito obstruído, não se assuste, pode ser que a água não passe da primeira vez ou apenas goteje; faça o outro lado e volte ao primeiro novamente. Não desista!

Os mestres nos deixaram a dádiva do Yoga, que cumpre uma função social. Lembro sempre aos meus alunos que, da mesma maneira que tomamos banho e escovamos os dentes diariamente, devemos rever nosso conceito e fazer também a lavagem do nariz, porta de entrada da respiração, do Prana, energia primordial que nos mantém vivos e saudáveis.

O Jala Neti é um método simples, barato, acessível a qualquer pessoa, praticante ou não de Yoga, e para toda sua família. Melhora não apenas as vias respiratórias, como também a visão. E, lembre-se, o nariz é a porta de entrada da energia. Se você não respira bem, não vai assimilar a quantidade exata de energia a que tem direito. Se o aparelho respiratório não funciona direito, os demais sistemas do corpo acabam ficando comprometidos. Pense nisso!

5 – Dhauti – Limpar, Lavar, Purificar

Existem variações de Dhauti, que, entretanto, não se aplicam aos nossos costumes, e devem ser feitas com a orientação de um profissional experiente.

Nos dias atuais, podemos fazer uso da técnica denominada Colonterapia. Conhecida também como Hidro-cólon ou Terapia do Cólon, utilizada em vários países há mais de quarenta anos, inclusive no Brasil. É uma tecnologia moderna, executada de maneira confortável, higiênica e eficiente. Seu equipamento permite a passagem de 40 a 60 litros de água no intestino grosso, em um período de 60 minutos, de uma forma simples e muito eficiente. Com apoio técnico conseguimos fazer essa limpeza, afinal, somos ocidentais, e levamos uma vida que não nos permite dispor de três dias, e muitas vezes não temos alguém para nos auxiliar e apoiar. Devemos mesclar Oriente e Ocidente, somar é a nossa meta, ser felizes é nosso destino.

Karna Dhauti, a limpeza dos ouvidos, é outra técnica eficaz. Na Índia existem especialistas no assunto nas calçadas. A limpeza é feita com uma pequena colher de prata; eles limpam com maestria o canal auditivo. Já no Brasil não se aconselha a prática. Existe, porém, uma técnica milenar conhecida como Cones Chineses, que promove desobstrução e purificação do canal auditivo, conhecida no Ayurveda como karnadauthisadhana, ou limpeza nos ouvidos, que melhora a concentração do caminho espiritual.

Segundo Susi Kelly Benevides, especialista no assunto, "algumas fontes relatam que os Cones de Ouvido tiveram sua origem na China. O que se sabe é que esta técnica é praticada há muitos séculos. Foi utilizada também pelos gregos e egípcios como um remédio popular para melhorar a clareza mental. Foi praticada dentro de culturas diversas, como a dos Monges do Tibete e dos Maias. Hoje, os Cones de Ouvido são usados em todo o mundo". Graças a pessoas sérias e dispostas, como Benevides, que se encarregou de pesquisar, registrar e divulgar seriamente suas experiências, agora a humanidade tem, enfim, mais um ponto de partida ou mesmo uma referência no assunto Cones Chineses, até então esquecida por vários anos e sem nada de registro.

O Danta Dhauti, a limpeza dos dentes. Misture azeite de oliva e sal, molhe sua escova de cerdas macias e faça movimento circulares nos dentes; ao final, utilize o fio dental para limpar as cavidades dos dentes. Após 20 minutos, escove como de costume.

Existem ainda muitos outros métodos de purificação, mas escolhi me ater a estes por considerar mais simples e de acordo com nossa cultura ocidental

6 – Vasti

É uma limpeza específica do reto e do cólon, considerada o ancestral do clister, que nossas avós costumavam utilizar, e que se trata de uma limpeza intestinal com uma bombinha introduzida com cuidado no ânus e onde se injeta o líquido que vai produzir a lavagem.

Hatha Yoga – Mudras e Bandhas

Mudras são gestos, que conectam e expandem a conexão.

Voltando à ideia inicial que desfaz o conceito de Hatha Yoga como um processo meramente físico, notamos que sua função é proporcionar saúde, por meio de várias ferramentas, preparando o corpo para práticas espirituais.

Dentre elas a presença dos Mudras e Bandhas, durante as práticas de Àsanas, Pranaymas, Pratyahara, Dharana e Dhyana. Os Mudras são ferramentas que dão suporte à prática de Hatha Yoga, assim como às técnicas de purificação que já abordamos anteriormente, os Mantras e os Bandhas.

Muito usados nas danças indianas, em que fazem reverência às divindades e à natureza, os Mudras são encontrados em várias tradições espirituais, tanto no Oriente quanto no Ocidente; não são exclusivos do Yoga. Budistas, cristãos, muçulmanos e judeus, dentre outros, usam Mudras como apoio nas orações. Para alguns, o Mudra é considerado a chave ou senha de acesso de seu computador interno.

Os mais usuais são:

Anjali Mudra é o mais conhecido dentro e fora do Yoga, é o a gesto da Prece.

Jnana Mudra é símbolo de Sabedoria, em que o polegar representa a alma universal e o indicador, a alma individual que, unidos, facilitam a integração.

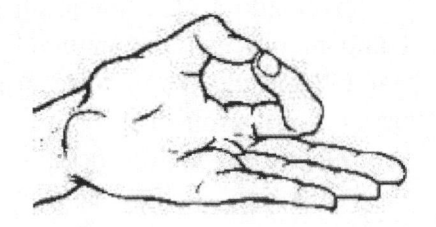

Bandhas estão entre os Mudras e significa selo, sendo possível usá-los em conjunto, e seus efeitos são sentidos no corpo prânico.

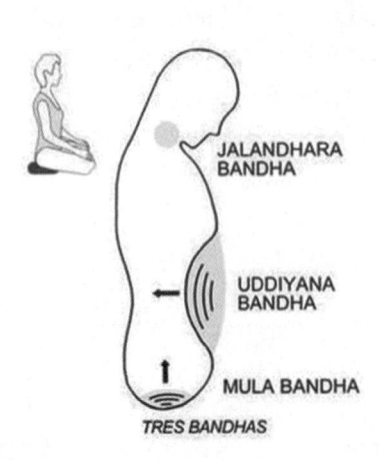

1- Mula Bandha, o Fecho da Raiz
2- Uddiyana Bandha, Fecho Abdominal
3- Jalandhara Bandha, o fecho da Garganta
Podem ser utilizados juntos (Bandha Traya) ou não, dependendo da prática.
Sua prática desfaz os três grandes nós:
1- Brahma Granthi, ativando o 1º e 2º chacras
2- Vishnu Granthi, ativando o 3º e 4º chacras
3- Rudra Granthi, ativando o 5º e 6º chacras

A execução dos bandhas inverte a circulação da energia, onde Apana descendente sobe, e Prana, energia ascendente, desce; ambos confluindo para a região umbilical e, em seguida, se concentra no chacra básico. Essa ação é benéfica à saúde em níveis fisiológico e psíquico.

Bhakti Yoga

Bhakti é o aspecto do Yoga ligado à devoção.

Bhakti é a ciência do Amor a D-us, de adoração ao Divino, da fé.

A palavra Bhakit deriva da raiz Bhaja, que significa "adorar", "amar". Ser devoto é a essência do Bhakit Yoga.

Esses anos de estudo, aulas e principalmente de prática, me motivaram a perceber que o Yoga é um só. Mesmo que haja caminhos diferentes, o objetivo é um: voltar à Unidade, ao Absoluto.

Ao praticarmos Hatha Yoga, estamos purificando e preparando o corpo para uma experiência espiritual; se praticarmos Mantra Yoga, ou estudarmos os princípios das leis universais, caminhando no Jnana Yoga, estaremos caminhando na mesma direção, porque Tudo é D-us e Ele está em Tudo e Todos!

Essa é uma visão Bhakta de enxergar o Yoga. Tornamo-nos Bhakta por experiência e não por acreditar.

Quando na base estrutural do Raja Yoga nos deparamos com os Niyamas: Saucham, a Pureza; Santosha, o Contentamento; Tapas, a Austeridade; Svadhyaya, a autoanálise e Iswara-Pranidhana: viver a realidade espiritual, já estamos entrando no terreno Bhakta, movimentando-nos dentro do divino em nós.

Sim, as pessoas religiosas são praticantes de Bhakit Yoga, pois são devotos. Porém, ser devoto não significa estar ligado ou preso a nenhum tipo de religião. Essa é uma ideia distorcida de devoção.

Assim como eu, você, caro leitor, deve conhecer pessoas altamente espiritualizadas, dentro dos conceitos que a palavra requer, sem praticarem qualquer tipo de religião ou filosofia, mas que, no entanto, <u>devotam</u> suas vidas a ajudar as pessoas, os animais em extinção, lutam pela ecologia, que nada mais é que um tipo de devoção!

Devoto é aquele que se dedica a algo; não necessariamente esse "algo" possui conotação religiosa.

Podemos, sim, nos devotar a Brahma, Krishna, Shiva, Buda, Jesus, Maomé, aos Santos e Santas, aos Devas, aos Orixás, aos Mestres presentes em tantas correntes filosóficas, seja por meio de rituais os mais diversos ou simplesmente caminhando em direção a eles. Em todos esses casos, estaremos caminhando para a Realidade de Brahman, o Absoluto, o Um.

Há mérito e santidade em cada um desses caminhos devocionais, mas o Yoga nos faz reconhecer e nos conectar à essência presente em nós, por meio do Sopro Divino do Prana, que nos permite viver, reconhecer o poder da semente em nós, e caminharmos de volta à divindade que nos foi dada para voltarmos a Ele.

No Hatha Yoga, respirando conscientes da Presença de D-us por meio do Prana, é um ato de Amor; logo, de devoção!

No Tantra Yoga, quando transformamos a energia da Kundalini em Fogo Sagrado, é um ato de devoção!

No Karma Yoga, quando nos esforçamos para queimar ações impuras, é um ato de devoção!

Em Mantra Yoga, quando cantamos o nome de Deuses e Deusas, é um ato de devoção!

Em Jnana Yoga, quando buscamos o conhecimento para saber a verdade das coisas, é um ato de devoção!

Em Raja Yoga, quando meditamos e sentimos o Om no vazio de nossa mente, é um ato de devoção!

Talvez, por isso, Bhakit corresponda ao Quarto Chacra, o cardíaco, acima dos três chacras "Inferiores", e abaixo dos três chacras "Superiores", O CAMINHO DO MEIO.

Trazendo à tona a tríade do Hinduísmo, religião predominante na Índia, berço do Yoga, onde temos:

Brahma, o Criador; Vishnu, o Preservador; Shiva, o Destruidor.

Trazendo esse conceito para a aula de Hatha Yoga, trabalhamos a postura em três partes:

1. Primeiro, você **cria** a postura na mente, corresponde a Brahma, a Criação.
2. Segundo, você executa a postura. Faz a **manutenção**, sente a energia; corresponde a Vishnu, a Preservação e Manutenção do Universo.
3. Terceiro, você desfaz a postura, mantém os olhos fechados sentindo a **transformação** ocorrida ou ocorrendo internamente, seja o relaxamento muscular, a calmaria das emoções ou a mente quieta; corresponde a Shiva, o Destruidor de Ilusões, o que Transforma.

1. Brahma... o Criador

Brahma representa a criação, estando no mesmo plano de importância que Vishnu e Shiva.

Seus seguidores são chamados brahmanes. Costumavam pertencer às castas dos sacerdotes, porém o sistema de castas da Índia foi derrubado, tratando-se meramente de ajustes político-sociais, nada tendo a ver com a religiosidade do povo.

Brahma é a Deidade presente em Muladhara, primeiro Chacra. Sua consorte é Saraswati.

Shakit é o Poder que realiza o propósito supremo e o transforma em energia. É a força criativa, o veículo de manifestação da consciência.

Este é Brahma (sem o "n" final), criado por BRAHMAN.
Suas quatro faces representam aspectos da consciência humana: Físico, Racional, Emocional, Intuitivo.
Seus quatro braços representam as quatro direções ao mesmo tempo.
Nas mãos:
1ª – Um vaso com o néctar *Amrita*, líquido usado para criar vidas;
2ª – Um rosário para manter a Ordem no Universo;
3ª – As Escrituras Sagradas contendo o conhecimento da Criação;
4ª – A Flor de Lótus, símbolo da pureza.

A Shakit, ou aspecto feminino do Deus Brahma, é Saraswati!

Saraswati: "aquela que flutua". Consorte de Brahma, Mãe da Criação.
Deusa do Conhecimento, protetora das artes e dos artistas (poetas, intelectuais, escritores, músicos e das 64 artes).
Duas de suas mãos tocam a veena; na outra segura um livro de folhas de palmeira contendo as Escrituras sagradas (os *Vedas* e o alfabeto sânscrito). Em outra, um mala, colar de contas usados para cantar Mantras e Pranayamas.
A ela é dedicado o *Gayatri Mantra*, o mais sagrado dos *Vedas*.

Om Bhur Bhuva Svaha
Tat Savitur Varenyam
Bhargo Devasya Dhimahi
Dhiyoyo Naha Prachodayat.

2. Vishnu... o Preservador

Vishnu é considerado "a grande encarnação", pois sempre, em meio ao caos, ele encarna como um Avatar (aquele que vem do alto), trazendo luz à escuridão. São dez os avatares de Vishnu, sendo os mais conhecidos: Budha, o Iluminado; Rama, o Arqueiro, Krishna, o Amoroso. Alguns consideram Jesus como um de seus avatares. Sendo que as escrituras citam Kalki, o espadachim, montado num cavalo, o que virá.

Vishnu é a Deidade presente em Swadhisthana, segundo chacra.

Vishnu, em suas quatro mãos, segura:
A **Concha**, que emite o Som do OM e que contém em o som das ondas do oceano;
O **Disco**, ou Charkra Dharma, que representa o Tempo;
A **Clava** feita em metal, simbolizando o elemento Terra, para acabar com os desejos, fonte de todo sofrimento terrestre;
O **Lótus** rosa, que se abre ao primeiro raio de Sol e se fecha ao entardecer;
Viaja em *Garuda*, a Águia Sagrada, a Fênix que renasce.

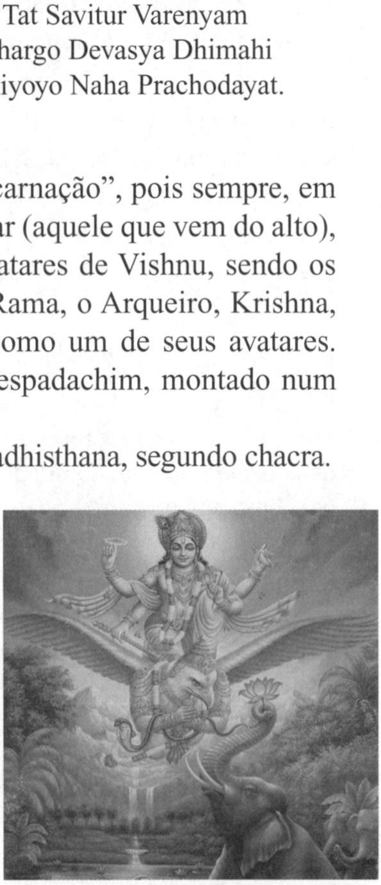

A Shakit, ou aspecto feminino do Deus Vishnu, é Lakshmi.

Deusa do Amor, da Beleza, da Prosperidade, Lakshmi significa boa Sorte, fim, ou meta.
Suas quatro mãos expressam os quatro aspectos da vida humana que devem estar em equilíbrio.
O Dharma (justiça e dever); Kama (prazeres sensuais); Artha, a riqueza, e Moksha (libertação espiritual, final).
Com uma mão ela doa. De suas mãos jorram moedas de ouro. É o princípio da generosidade.
Dar com a mão esquerda e receber com a direita, significa abrir-se para a energia de Lakshmi.
O Lótus rosa em ambas as mãos perpetua o Amor e a Compaixão.

3. Shiva... o Restaurador, ou o Destruidor

Quando nos referimos a Shiva como o Destruidor, a destruição tem o intuito de renovação! Estamos nos referindo à destruição da ignorância humana, do medo, da ganância, da luta cega pelo poder. Shiva é o Senhor do Tempo (Passado, Presente, Futuro).

Shiva é conhecido por 1.008 nomes, formas e atributos diferentes.

Alguns dos aspectos mais conhecidos são:

Shiva, o Asceta: O Mahayogui, ou grande (maha) yogui. Apresenta-se com uma pele de tigre em volta do corpo, uma serpente enrolada no pescoço, uma lua crescente sobre a cabeça e um demônio sob os pés, simbolizando seu poder de destruição do mal.

Rudra: Shiva velho ou Senhor do sul. Representado com a pele azul canforada e barba prateada, está sentado sobre a pele dourada de um tigre. Tudo o que existe, a ele retorna. É a deidade presente no chacra Manipura; representa o Fogo.

Shiva Maha-Kala: Representado com um colar de crânios humanos, é o Senhor e destruidor do tempo. Cada crânio, enquanto conta do colar, representa uma das ignorâncias humanas, como a inveja, a cobiça, a pobreza espiritual, etc.

Ishana Shiva: De natureza pacífica e beneficente, apresenta-se em pé, com a pele azul canforada, segura um tridente na mão direita e um dhamaru (tambor) na esquerda. Possui cobras enroladas em seu corpo e usa uma pele de tigre como vestimenta. É a deidade presente em Anahata, o chacra do coração.

Shiva Panchavaktra: De pele azul canforada e cinco cabeças, sendo uma central. As quatro outras representam os quatro sentidos: olfato, paladar, tato e audição; a quinta simboliza a união e fusão dos elementos em um só aspecto.

Sendo Shiva Nataraja o mais conhecido:

Shiva Nataraja, o Dançarino Cósmico. Na Índia a dança está associada à vida! Ele dança na Roda do Fogo, elemento de transformação e purificação (Roda de Sansara, ou Roda das Encarnações), dando vida e movimento a tudo que existe. Sua dança está associada ao movimento interno do corpo, que tem como fonte: o coração que pulsa, dinamizando todo universo interior.
O Senhor de todas as criaturas, aparece pisando na ignorância dos seres humanos.

A Shakit, do Deus Shiva, é Parvati, sendo Durga um de três seus aspectos:

Imersos no universo de Bhakit Yoga, ao abordarmos os aspectos devocionais não apenas do Hinduísmo. Em pleno século XXI, grande parte da sociedade vive em adoração a coisas materiais. Veneram dinheiro, esportes, beleza, inteligência, objetos, artistas, e em nenhum desses casos se sentem plenos, sempre falta algo, nada se completa, vivem em constante sofrimento gerados pela inconsciência do Ter.

Parvati, filha das montanhas. A Grande Mãe, que acolhe e protege. A Shakit das Shaktis!
Durga, a invencível. É o Poder na Natureza! Assume a forma da guerreira nas batalhas contra os demônios: orgulho, vaidade, arrogância, falta de sensibilidade.
Kali, a Mãe Negra, cujo nome deriva de Kala: o Tempo, que mata todas as ilusões.
"Quando o poder de Shiva e Shakit se fundem, vive-se em Brahman".

As religiões existem para auxiliar na reconexão com a realidade Suprema, Bhaman, o Absoluto, Inominável, Aquele que é O Início, O Meio e O Fim. Todo aquele que cria distâncias e gera conflitos religiosos está perdido em sua caminhada de volta ao Todo!

Os caminhos que levam a uma experiência espiritual, desenvolvem-se dentro de Bhakit Yoga; desta forma, o aspirante, ou *chela*, passa a ter consciência de algo que não tinha anteriormente.

Todos os deuses de qualquer religião são representações de um único D-us, Onipresente, Onisciente, Onipotente.

Segundo Kupfer, *"Eles (os deuses) são indicadores para Brahman, como as placas de uma estrada. A placa não é o lugar onde você quer chegar, mas indica a direção na qual esse lugar se encontra. As escadas não são o andar de cima da casa, mas sem elas você não chega lá. Você não pode dispensar as escadas para chegar ao andar superior, assim como não deve dispensar as placas na estrada que lhe indicam o caminho".*

Dentro desse conceito e visão de Bhakit Yoga, entramos na segunda parte do livro, onde abordaremos o que chamei de Ferramentas de Poder.

Considero, pois assim senti, como um presente da minha alma amorosa e bhakta para a sua, na esperança de que sirva realmente como ferramenta de sua ascensão pessoal.

Namastê!

Parte 2

Ferramentas de Poder

Nesse início da Nova Era os mestres nos dizem que não precisamos mais buscar ferramentas, e sim para simplesmente usarmos a que já possuímos.

Não é hora de buscar mais informações, e sim de praticarmos o conhecimento adquirido, mergulhando na simplicidade do Ser.

Tivemos tempo. Todas as portas do conhecimento se abriram para nós, nas últimas décadas. Agora é hora de apenas colocar em prática nossos talentos.

É nosso comprometimento, a potência elevada de nossa energia que fará fluir e criar vínculos novos e saudáveis que farão a diferença.

Não nos desesperemos com a distância física, e sim mantenhamos a conexão mental, a união no propósito, e juntos estaremos. O trabalho estará sendo feito.

Lembremo-nos: a Nova Era chegou!

Mesmo essa afirmação parecendo utópica, aqueles que estão adiantados na travessia da ponte que vai da Ignorância à sabedoria (de Tamas, passando por Rajas e caminhando até Satva) conseguem enxergar além das aparências do sofrimento que assola o planeta.

Quando não for possível a união física entre os irmãos de caminhada, usemos nossa mente, unamo-nos em coração, a cura se fará de muitas maneiras.

Sabemos disso. Agora é hora de, mais do que nunca, acreditarmos nessa nova realidade. A nova ordem manifesta-se a cada dia!

Tomemos como exemplo de União e imagine utilizarmos em conjunto essas máximas!

Do Yoga	o Namastê! (tradução: O Deus que habita em mim saúda o Deus que habita em ti!
Da Base do Espiritismo	Fora da Caridade não há salvação!
Da Base do Reiki	Viva como o bambu!
Da base da Espiritualidade	Somos Todos Um!

Se somos seres espirituais, independentemente da filosofia ou religião que abraçamos, Somos Todos Um, mas conservando a individualidade de cada ser.

Sendo assim, saudamos o outro, lembrando e reconhecendo que dentro dele há a presença Divina, mesmo que essa Presença esteja ainda adormecida naquele momento!

Ao termos essa lucidez, estaremos usando a máxima do Espiritismo, pois estamos sendo caridosos com o estágio evolucional do nosso irmão.

Ao mesmo tempo em que estamos nos curvando, como um bambu, exercitando a humildade em reconhecer que estamos temporariamente em um patamar acima, ou, quem sabe, abaixo do nosso irmão.

O que une essas forças é uma palavra: AMOR!

Os mestres de **Yoga** nos deixaram o legado do amor, de que deveremos ensinar à Humanidade o exercício do Yoga. Yoga significa União! Unir o homem a Deus. E Deus reside na Natureza, em todos os seres. Deus está presente na nossa respiração, cujo mantra é So Ham.

Dentre tantos sons internos em nosso corpo, o de nossos batimentos cardíacos, nossa circulação e outros, um som se destaca: o de nossa respiração. Quando respiramos lentamente, pelas narinas, o som provocado é So Ham. Som Ham; Eu e Deus Somos Um; Deus Presente em Mim.

A presença de Deus nos acompanha desde a primeira inspiração, ao nascermos, até a última expiração, ao morrermos.

O **Espiritismo** nos ensina a Lei do Carma, presente também no Karma Yoga, uma das sete Yogas, como listamos no início deste livro. São: Hatha Yoga, Tantra Yoga, Karma Yoga, Bhakit Yoga, Mantra Yoga, Jnana Yoga e Raja Yoga, ou Yoga Real.

A base do Espiritismo é o Mestre Jesus, o Cristo, cuja síntese do seu trabalho na Terra é: Amor, Compaixão, Simplicidade, Unidade com o Pai.

Reiki

O **Reiki** nos ensina a sermos humildes como o bambu, que se verga diante das adversidades, espera serenamente a onda passar e se ergue novamente, para cumprir sua missão. A energia Reiki é personalizada pelo Buda Kwan Yin, a Deusa da Compaixão. A energia de cura é o amor, e para canalizarmos essa energia, meditamos e observamos nossa alimentação, física, emocional e mental.

Finalizando, onde houver AMOR e disciplina há iluminação!

Como reikiana, seguindo o Código de Amor da Mãe da Misericórdia, Kwan Yin, seguiremos os cinco preceitos do Reiki:

Só por hoje...
- Hoje, não te preocupes.
- Hoje, não te zangues nem critiques.
- Hoje, sê grato pelas múltiplas bênçãos que recebes.
- Hoje, faz honestamente o teu trabalho.
- Hoje, respeita o teu semelhante e tudo o que vive.

Vamos então viver um dia de cada vez! Esse é o propósito que aprendemos também na prática do Yoga. Valorizar o hoje, olhar em volta, fazer o melhor com o que temos aqui e agora!

Minhas frases de trabalho são:

Yoga. Só quem pratica, sabe!

Observar, sentir, perceber, você!

Convido, agora, todos vocês a crescerem comigo! Focando a Chama Trina de seu coração e seguindo em frente, com Fé, Alegria e AMOR. Minha dica de trabalho para este livro, embora você possa se beneficiar abrindo em qualquer página, é a de acompanhar realmente, dia a dia, até os 30 dias do mês se completarem. Recomeçando sempre, como um mantra. Estou certa de que nenhuma palavra aqui será perdida!

Por outro lado, torna-se um instrumento poderoso para trabalharmos nossa ansiedade, visto que, embora você saiba no começo que está longe do fim, lembrar-se-á do preceito: Só por hoje!

Abro o trabalho com o Reiki, energia de AMOR, já que é a inspiração que nos move!

Não precisa ser reikiano, apenas utilizar a intenção amorosa do curar a si e aos outros. Qualquer gesto, palavra ou pensamento que parta de nosso coração, na intenção de cura, se realiza.

Vamos praticar cura?

A cura não pertence a nenhuma vertente religiosa ou filosófica, e sim em abrir o canal do AMOR, unindo mente e coração.

O AMOR é livre. A mente vai aonde a levamos. Logo, se você apenas pensar em alguém, abrir a luz do seu coração na intenção de curar, esteja certo de que a energia flui e chegará ao destino.

É disto que falamos e exercitamos.

Usemos essa magia que é nossa, para curar a nós, as pessoas, os seres, o planeta. Acredite, nós fazemos a diferença!

Que possamos amar sem preconceitos.

Que possamos zelar pela nossa integridade física, emocional, mental e espiritual!

Que possamos usar nosso poder para criar e nunca abater!

Que possamos crer na ordem estabelecida, além de nosso humano olhar!

Que possamos usar uma gota de nosso amor para apagar alguns incêndios!

Que possamos valorizar o hoje!

Que exercitemos o perdão que nos liberta!

Minha ferramenta é o Amor. Vou usá-lo sem medo!

Só por hoje!

Reiki! Reiki! Reiki!

Orações

Seguindo o fluxo da limpeza interna que nos facilita a caminhada na evolução, quero disponibilizar várias ferramentas que mestres amorosos nos deixaram em vários pontos do Planeta, para nos auxiliar. Uma delas é a Prece Kahuna.

Kahuna significa "Guardião dos Segredos", e vem da cultura dos antigos polinésios. Segundo os estudiosos e pesquisadores, remonta a culturas muito antigas e se espalhou por várias regiões como: Birmânia, Índia, Egito, Europa, Américas, sendo possivelmente a Atlântida a mais evoluída de todas.

O princípio da Psicofilosofia **H u n a** é não ferir, isto é, não causar sofrimento a si mesmo, aos outros e à Natureza.

Novamente percebemos que não há separação no reino da energia divina, já que este é o primeiro passo dentro do Raja Yoga: AHIMSA, a não violência!

Prece Kahuna do Perdão

"Buscando eliminar todos os bloqueios que atrapalham minha evolução, dedicarei alguns minutos para perdoar. A partir deste momento, perdoo todas as pessoas que de alguma forma me ofenderam, injuriaram, prejudicaram ou causaram dificuldades desnecessárias. Perdoo, sinceramente, quem me rejeitou, odiou, abandonou, traiu, ridicularizou, humilhou, amedrontou, iludiu.

Perdoo, especialmente, quem me provocou até que eu perdesse a paciência e reagisse violentamente, para depois me fazer sentir vergonha, remorso e culpa inadequada. Reconheço que também fui responsável pelas agressões que recebi, pois várias vezes confiei em indivíduos negativos, permiti que me fizessem de bobo e descarregassem sobre mim seu mau caráter. Por longos anos suportei maus-tratos, humilhações, perdendo tempo e energia, na tentativa inútil de conseguir um bom relacionamento com essas criaturas.

Já estou livre da necessidade compulsiva de sofrer, e livre da obrigação de conviver com indivíduos e ambientes tóxicos. Iniciei, agora, uma nova etapa de minha vida, em companhia de gente amiga, sadia e competente. Quero compartilhar sentimentos nobres, enquanto trabalhamos pelo progresso de todos nós.

Jamais voltarei a me queixar, falando sobre mágoas e pessoas negativas. Se por acaso pensar nelas, lembrarei que já estão perdoadas e descartadas de minha vida íntima definitivamente. Agradeço pelas dificuldades que essas pessoas me causaram, que me ajudaram a evoluir, do nível humano comum ao espiritualizado em que estou agora.

Quando me lembrar das pessoas que me fizeram sofrer, procurarei valorizar suas boas qualidades e pedirei ao Criador que as perdoe também, evitando que sejam castigadas pela Lei de Causa e Efeito, nesta vida ou em outras futuras. Dou razão a todas as pessoas que rejeitaram o meu amor e minhas boas intenções, pois reconheço que é um direito que assiste a cada um me repelir, não me corresponder e me afastar de suas vidas.

(Fazer uma pausa, respirar profundamente algumas vezes, para acúmulo de energia).

Agora, sinceramente, peço perdão a todas as pessoas a quem, de alguma forma, consciente e inconscientemente, ofendi, injuriei, prejudiquei ou desagradei. Analisando e fazendo julgamento de tudo que realizei ao longo de toda a minha vida, vejo que o valor das minhas boas ações é suficiente para pagar todas as minhas dívidas e resgatar todas as minhas culpas, deixando um saldo positivo a meu favor.

Sinto-me em paz com minha consciência e, de cabeça erguida, respiro profundamente, prendo o ar e me concentro para enviar uma corrente de energia destinada ao Eu Superior.

Ao relaxar, minhas sensações revelam que este contato foi estabelecido.

Agora dirijo uma mensagem de fé ao meu Eu Superior, pedindo orientação em ritmo acelerado, de um projeto muito importante que estou mentalizando e para o qual já estou trabalhando com dedicação e amor. Agradeço, de todo o coração, a todas as pessoas que me ajudaram e comprometo-me a retribuir trabalhando para o meu bem e do próximo, atuando como agente catalisador de entusiasmo, prosperidade e autorrealização. Tudo farei em harmonia com as leis da Natureza e com a permissão do nosso Criador, eterno, infinito, indescritível, que eu, intuitivamente, sinto como o único poder real, atuante dentro e fora de mim.

Assim seja, assim é e assim será."

A Grande Invocação

A Grande Invocação pertence a toda humanidade e não a alguma religião ou grupos.

É uma das orações mundiais, traduzidas em mais de 70 línguas e dialetos.

Do ponto de luz na mente de D-us,
Flua luz às mentes dos homens.
Desça a luz sobre a Terra.
Do ponto de amor no coração de D-us,
Flua amor aos corações dos homens.
Volte Cristo à Terra.
Do centro onde a vontade de Deus é conhecida,
Guie o propósito as pequenas vontades dos homens;
O propósito que os Mestres conhecem e servem.
Do centro a que chamamos a raça dos homens,
Cumpra-se o Plano de Amor e Luz
E feche-se a porta onde mora o mal.
Que a Luz, o Amor e o Poder estabeleçam o Plano na Terra.
Amém!

Imagem da Chama Trina, instrumento de Meditação na Fraternidade Branca.

A Chama Azul, concentra a Energia do Pai em nós, o Poder da Vontade. Plano Físico.

A Chama Dourada concentra a Energia Crística do Filho, o Poder da Sabedoria. Plano Mental.

A Chama Rosa concentra a Energia do Espírito Santo, Amor Divino e Criatividade. Plano Emocional.

As três chamas emergem da Luz branca que concentra o Amor da Mãe Divina.

Ave-Maria da Fraternidade Branca

Ave, Maria, cheia de graça, o Senhor é convosco.
Bendita sois Vós entre todos os seres.
Bendito é o fruto de Vossa essência, Jesus.
Bem-amada, doce, Santa Maria, Mãe de todos nós.
Eu entrego meu coração e rendo devoção a Vós.
Que possais libertar meus limites e sofrimentos, e revelar-me o que devo fazer para curar minhas ilusões, mantendo sempre o conceito imaculado para os outros.
Bem-amada Mãe Maria, mãe de todos nós e do
Cristo Cósmico. Amém!

Por Todas as Nossas Relações!

Deixo aqui mais uma ferramenta para trabalhos pessoais e de grupo. Norteado pela energia dos anjos, que se funde ao Todo, fazendo uma fusão com os irmãos xamãs, que são yogues em sua essência.

NORTE

O Brilho que vem do **Norte** é a **Carruagem de D-us**,
segundo descrito na Bíblia Sagrada.
O Brilho do **Norte** é a Luz do **Arcanjo Mikael**, aquele que é um
com D-us. Seu poder!
O Brilho do **Norte** é, à **direita** de D-us, **o Poder**!
O Brilho que vem do **Norte** é o **Fogo Divino** da Presença de D-us.
O Brilho do **Norte** é o **Búfalo**, que doa tudo de si aos humanos:
carne, pele, ossos e espírito.
O Brilho que vem do **Norte** é a hora da **Meia-Noite**,
recolhimento.
O Brilho que vem do **Norte** é a **Lua Minguante**,
O Brilho que vem do **Norte é a Cor Branca**, que contém em si
todas as cores.
O Brilho que vem do **Norte** é o **Reino da Mente**.
O Brilho que vem do **Norte** é o **Reino Animal**,
ou tudo que é animado.
O Brilho que vem do **Norte** são as **Estrelas**,
que percorrem outros sóis!
O Brilho que vem do **Norte** é o tempo **Futuro**: velhice,
experiência, doação.
O Brilho que vem do **Norte** é o **Inverno**, que refresca, limpa, que
nos faz buscar o calor dentro de nós, o aconchego.

> **Volte-se para o Norte e Medite Nele**,
> quando precisar de compreensão espiritual.

SUL

O Brilho que vem do **Sul** é a Luz do Arcanjo Gabriel, o Anunciante
da Vida, através do útero de Maria, a Escolhida!
O Brilho que vem do **Sul** é a **Água** que gera vida.
O Brilho que vem do **Sul** é a **Lua Nova**, que renova!
O Brilho que vem do **Sul** é a **Esquerda** do Divino em nós!
O Brilho que vem do **Sul** é o **Coiote**, que vem ensinar o
homem a crescer.

O Brilho que vem do **Sul** é o **passado**, que ensina a ser melhor no presente.
O Brilho que vem do **Sul** é a Cor **Vermelha**, da vitalidade!
O Brilho que vem do **Sul** é a hora do **Meio-Dia**, plenitude do corpo físico.
O Brilho que vem do **Sul** é o **Reino Vegetal**, que nos ensina a doação pura!
O Brilho que vem do **Sul** são as **Emoções** a serem limpas pela nossa força!
O Brilho que vem do **Sul** é a **Lua**, que altera as marés, os nascimentos, os humores.
O Brilho que vem do **Sul** é o **Verão**, anunciando a vida em toda a sua força.

> **Volte-se para o Sul e Medite Nele**, quando precisar ampliar sua visão sobre si mesmo.

LESTE

O Brilho que vem do **Leste** é a Cura do **Arcanjo Raphael**!
O Brilho que Vem do **Leste** é a **Energia do Ar**. A cura se dá pela respiração, pela absorção do prana.
O Brilho que vem do **Leste** está em nossas **costas**, proteção!
O Brilho que vem do **Leste** é o **Ar** que movimenta a vida.
O Sol que nasce do **Leste** é **Cura**, é saúde, vitalidade.
O Brilho do **Leste** é a **Primavera**, é a flor que se abre plena de vigor, de prana.
O Brilho que vem do **Leste** é a **Águia** de penas douradas, trazendo o brilho da consciência. É o que voa alto, perto do Sol.
O Brilho que vem do **Leste** é o horário das **6 horas**.
O Brilho que vem do **Leste** é a **Cor Amarelo**, da claridade.
O Brilho que vem do **Leste** é o lugar de tomadas de **decisões.**
O Brilho que vem do **Leste** é a **Lua Crescente**, celebrando a expansão do ser!
O Brilho que vem do **Leste** é o **Masculino**.

> **Volte-se para o Leste e Medite Nele**, quando precisar de proteção.

OESTE

O Brilho que vem do **Oeste** é a Luz do Arcanjo Uriel! UR = Luz.
Uriel, Luz de D-us!
O Brilho que vem do **Oeste** é a **Energia da Terra**. A escuridão que faz brotar a semente.
O Brilho que vem do **Oeste** é o que está à nossa **Frente**, para ser depurado.
O Brilho que vem do **Oeste** é o **Outono**. Introspecção, maturação da vida, o germinar da semente.
O Brilho que vem do Oeste é o **URSO**: forte, denso, escuro, como a Terra.
O Brilho que vem do **Oeste** é o tempo **Presente**, o agora!
O Brilho que vem do **Oeste** é a **Lua Cheia**, nutrição e prosperidade!
O Brilho que vem do **Oeste** é o **Elemento Mineral**, a força das entranhas da Terra.
O Brilho que vem do **Oeste** é o horário das **18 horas**.
O Brilho que vem do **Oeste** é a **Cor Preta**.
O Brilho que vem do **Oeste** é o **Feminino**.

> **Volte-se para o Oeste e Medite Nele**, quando precisar de vitalidade e prosperidade.

Conecte-se aos totens dos animais (o Búfalo, a Águia, o Coiote, o Urso), ou aos Arcanjos (Mikael, Gabriel, Rafael, Uriel). Utilize os horários quadrantes do dia, ou a observação da Lua. Deixe sua intuição guiá-lo sempre, na utilização de qualquer ferramenta, por mais sagrada que seja ou pareça ser.

Mantras

Prática dos mantras
Sua alimentação deverá ser, preferencialmente, vegetariana e estar isenta de álcool e fumo, para que se alcance os efeitos desejados.
Dê preferência a um lugar silencioso e tranquilo, e, se possível, procure sentar-se virado para o Norte, governado por Brahma, nunca

diretamente sobre o solo. Sente-se em uma esteira de palha ou madeira, que são mal condutores de eletricidade, já que o impulso elétrico causado será absorvido pelo solo.

Quando já tiver aprendido a pronúncia, mantenha-se com os olhos fechados, centrado no Ajna Chacra, entre as sobrancelhas. Procure uma postura que lhe dê tranquilidade, desde que a coluna esteja ereta. Se gostar, utilize um incenso, que trás purificação ao olfato.

A vocalização dos mantras deve ser contínua, em voz alta, sussurrado ou repetido mentalmente. É comum, na prática cantada, começarmos em um ritmo mais calmo e ir aumentando o ritmo alguns instantes e reduzir novamente, formando ondas.

Costumamos usar o japa-mala na prática dos mantras.

Mala significa cordão.

Japamala: cordão ou rosário de repetições. É composto de 108 contas, mais uma, chamada sumerú. Tradicionalmente é feito de madeira, como os de sândalo; ou sementes, como os de rudraksha, além de outros tipos de sementes ou madeiras.

Ao usá-lo, o correto é dizer que se está usando um mala, ou japamala, não um japa.

Um iniciante pode começar utilizando cada nove contas e, à medida que se familiariza e vence suas ansiedades, vai aumentando e alterando o número de repetições em múltiplos de nove, ao final elevando o mala acima dos olhos, oferecendo e agradecendo ao Absoluto ou à deidade com quem mais se sente próxima.

Dos mantras, o OM ou AUM é o Senhor!

OM ou AUM é a sílaba sagrada, e o mais popularmente difundido no Ocidente.

Suas três curvas representam a tríade, Brahma, Vishnu e Shiva, o círculo incompleto, o infinito e o ponto acima, o Absoluto, que reina acima de tudo.

O Bija Mantras dos chacras no Gayatri Mantra

O Gayatri, considerado "A Essência dos Vedas", no *Bhavagad-Gita* (A Sublime Canção do Senhor), em que o Senhor Krishna diz: "dos Mantras, Eu Sou o Gayatri".

Usado para receber as vibrações solares, que trazem vigor e entusiasmo. É o mantra recitado por brâmanes ao nascer e pôr do sol. Por intermédio da recitação do Gayatri, manifestam-se a luz e o som espirituais.

Podemos fazer uso da mantralização do Gayatri, de maneira integral, com o uso simultâneo de Pranayama, Mantra, e uso da energia das mãos sobre cada chacra.

Inspire... e pronuncie o Bija Mantra do chacra...

Mantralize lentamente enquanto expira, deslocando suas mãos simultaneamente, sem perder a conexão com o corpo.

Assim:

Mão no chacra base... Inspire visualizando o local... e pronuncie o mantra... OM Bhuh... até que o abdome esteja completamente contraído e sem ar.

Mantenha a mão direita no mesmo local... e coloque a mão esquerda sobre o ventre... Inspire visualizando o local...e pronuncie o mantra...OM Bhuwaha...soltando o ar, até que o abdome esteja completamente contraído e sem ar.

Assim consecutivamente. Mantenha a mão esquerda no local, enquanto retira a mão direita que estava no chacra base e leva-a à região do umbigo.

OM Bhuh	Mão direita sobre o 1º chacra
OM Bhuwaha	Mão esquerda sobre o 2º chacra
OM Swaha	Mão direita sobre o 3º chacra
Om Mahaha	Mão esquerda sobre o 4º chacra
OM Janaha	Mão direita sobre o 5º chacra
OM Tapaha	Mão esquerda sobre o 6º chacra
OM Satyam	Mão direita para o alto, tocando no topo da cabeça
Inspire	Om Tat Savitur Varenyam Bhargo Devasya Dhimahi Dhiyo Yonah Prachodayat. A verdade além da compreensão humana, o lugar em que todos os celestiais de todas as esferas foram iluminados, ILUMINAI NOSSO INTELECTO.

OM MANI PADME HUM

"A Joia da consciência está no coração do Lótus!".

Recite e, ao fazê-lo, tenha consciência de que estamos empurrando a Roda da Evolução Espiritual da Humanidade, para junto a todos os grandes mestres!

É um dos mantras mais conhecidos, tanto no Hinduísmo como no Budismo, entre os quais há uma leve diferença de pronúncia e escrita, mas igual em essência.

No Budismo: Om Mani Peme Hung.

É também o mantra usado no Reiki para cura. Usado em nome da Mãe Kwanyn, que muda de nome conforme a tradição.

Na prática abaixo, as seis sílabas do Mantra são pronunciadas para purificar seis estados diferentes de emoções destrutivas e atrair as seis virtudes de cada chacra.

Podemos mantralizar fazendo uma varredura, fechando as portas à negatividade de cada chacra, primeiramente, em ordem decrescente.

No primeiro quadro varremos a energia para baixo. Em seguida, recitamos o mesmo mantra elevando a energia de harmonia aos chacras.

OM	Fecha a porta ao orgulho	6º Chacra – Ajna
MA	Fecha a porta à inveja	5º Chacra – Vishuda
NI	Fecha a porta ao desejo	4º Chacra – Anahata
PAD	Fecha a porta à ignorância	3º Chacra – Manipura
ME	Fecha a porta à ganância	2º Chacra – Swadisthana
HUM	Fecha a porta à raiva	1º Chacra- Muladhara

OM	Abre a porta à generosidade	1º Chacra – Muladhara
MA	Abre a porta à conduta ética	2º Chacra – Swadisthana
NI	Abre a porta à disciplina	3º Chacra – Manipura
PAD	Abre a porta à alegria	4º Chacra – Anahata
ME	Abre a porta à concentração	5º Chacra – Vishuda
HUM	Abre a porta à consciência	6º Chacra – Ajna

OM – Mantra e Yantra

O significado linguístico do OM é: "aquilo que protege e sustenta". É um som dotado de poder, que exerce efeitos sobre a consciência.

Segundo Swami Dayananda Saraswati, *"aquilo que sustenta tudo é Om e o que sustenta tudo é o que nós podemos ver como a ordem. Podemos ir mais adiante; esta ordem é a realidade de tudo. A própria ordem é uma realidade. E, então, a essência da própria ordem é Om"*.

O Om é o som primordial, a manifestação do universo através de sua entoação, a explosão do "big bang".

Om é o início, o meio e o fim, é o próprio D-us em ação.

O Om é formado inicialmente por duas vogais e uma consoante: A – U - M – a fusão do fonema A + U, torna-se O, mais M = OM.

Numa visão cabalística, em que as vogais representam energias angelicais, espirituais, e a letra Mem (M) simboliza a água, fonte de criação. Logo, o Verbo torna-se vivo!

Na visão védica, o vocábulo "A" representa o mundo físico, nossa experiência terrena.

O vocábulo "U" representa o mundo mental e suas experiências sutis através do pensamento.

O vocábulo "M" representa a experiência não manifesta, através do sono profundo, da meditação, tudo ou nada que houve antes e que haverá depois.

Portanto, quando dizemos: tudo é Om, significa: tudo está completo; logo, Tudo e Nada é D-us.

Pense no Om, não como uma palavra, e sim como um Som!

O Om é o Mantra entre os Mantras! A ponte para os outros Mantras!

YANTRA é a expressão física de um mantra, é um instrumento usado na meditação.

Quanto aos Elementos:
1. Fogo 2. Água 3. Terra 4. Ar 5. Éter

A representa Brahma
U representa Vishnu
M representa Shiva

Vocalização do mantra OM:
Uma das várias maneiras de vocalização:
Inspire como na Respiração Completa.

Vocalize o OM concentrando o som no palato (céu da boca), expirando bem devagar enquanto contrai o abdome até acabar o ar, e então recomece.

Inspirando, absorvendo Prana, expandindo ventre, abdome e peito.

Vocalizando, "O" com a boca aberta e "M" fechando os lábios e prolongando o som, fazendo vibrar internamente a caixa craniana.

Nota: O palato é para nós como se fosse o Domo de uma Igreja, um Bindhu, ponto de concentração de energia, intimamente ligado à Glândula Pineal.

Visualizações

Falando em Ferramentas de Poder, uma das mais significativas são as visualizações, em que levamos nossa mente a passear por lugares mágicos, seguros, reconfortantes, para que, ao voltarmos, estejamos preenchidos de prana, revigorados, comungando Santosha, o Contentamento.

As visualizações são ferramentas que auxiliam a trabalhar Pratyahara, como veremos mais adiante, no Quinto passo do Raja Yoga.

Professores e/ou instrutores as usam como bálsamo durante os relaxamentos, mas você pode e deve exercitar sobre si mesmo, falando internamente, com amorosidade e respeito para consigo.

Devo informar que as reticências aqui utilizadas servem como pausas respiratórias e de reflexão.

Ao ler, a cada nova palavra ou frase, procure fechar os olhos deixando pálpebras e face descontraídas, e lembre-se: respiração só pelas narinas!

Respire degustando cada gota de ar que entra e sai delicadamente. Respiramos Energia!

Visualização de Purificação

Parte 1: pode ser executada em pé, ou sentado em uma cadeira, com os pés apoiados no chão ou em uma almofada, ou ainda deitado, com as pernas dobradas e pés plantados no solo.

Feche seus olhos...sinta seus pés como as raízes profundas... conectadas...recebendo nutrientes da Mãe terra!

Nossas pernas e tronco...o tronco da árvore por onde corre a seiva...o Prana. Nossos braços e nossas mãos...os galhos da árvore... nossa cabeça...a copa cheia de luz que recebe a energia do Sol!

Respire naturalmente...apenas observe as nuances de seu corpo...sem julgamentos.

Enquanto respira, mentalize ou imagine uma luz branca acima de sua cabeça, que vai se tornando líquida, vibrante e reconfortante... Enquanto mantém sua respiração tranquila, sinta ou imagine essa luz líquida banhando seu corpo de cima até embaixo...sua cabeça... rosto...nuca...ombros, braços, costas, todo o tronco...descendo pelas coxas e pernas até os pés.

Continue, repetindo o mesmo processo de cima até embaixo, fazendo uma varredura energética, imaginando ou mentalizando que todos os seus desajustes físicos, emocionais e mentais estão sendo despejados na Mãe-Terra, que em sua sabedoria transforma tudo em adubo.

Limpe-se algumas vezes!

Parte 2: vamos repetir o processo, agora de forma invertida.

Foque sua atenção, na sua mente, na respiração...lembre-se de que respiramos energia... concentre então essa energia se movimentando em seus pés, vindas da força da terra... Sinta, observe...sinta-se nutrido pelo poder da Mãe-Terra... Sinta seu poder de restauração e transformação espalhar-se pelos seus pés, pernas... espalhando-se pelo tronco, braços...costas.

Imagine ou desenhe mentalmente um ponto de luz rosa e dourado em seu centro cardíaco.

Imagine que as energias do Céu e da Terra se encontram, gerando equilíbrio em seus corpos físico, emocional e mental.

Fique alguns instantes só curtindo seu momento.

Quando decidir voltar, conscientemente, comece algumas respirações mais profundas e vá movimentando as extremidades dos pés, das mãos, da cabeça, e espreguice bem gostoso. Lembre-se de movimentar os maxilares, faça careta, boceje!

Visualização de Cura

Inicialmente, vamos nos conscientizando da importância da respiração em nossa vida.

Nosso primeiro ato de vida: inspiramos e nascemos!

Nosso último ato de vida: expiramos e morremos!

A pausa breve entre inspiração e expiração é a jornada em que estamos, nossa vida. Então, vamos valorizar cada momento, cada respiração, cada dia e cada noite com os quais somos presenteados!

Fechemos nossos olhos para as coisas de fora!

RESPIRE.

Lenta, natural e tranquilamente, apenas pelas narinas.

Deguste a energia divina que o mantém vivo.

Faça algumas respirações quadradinhas, ou seja, em quatro movimentos: inspiração, pausa. Expiração, pausa.

Observação: Note quais movimentos lhe dão prazer e se algum deles lhe causa algum tipo de desconforto. Inspirar? Pausar com o abdome expandido? Expirar? Pausar sem ar, com o abdome retraído?

Tudo é natural, não há certo nem errado. O Yoga nos ensina a apenas observar, para nos conhecer, pois só a partir da auto-observação podemos ver nossos pontos fortes ou fracos e corrigir, sem nos violentarmos!

A cada inspiração, você absorve prana (energia)...pause...e, ao expirar, solte-se. A cada nova expiração vá soltando o peso do corpo, observe e vá soltando cada ponto de tensão do corpo, vá escaneando seu corpo e soltando, até que todo ele esteja entregue ao solo, para que a energia flua livre por todos os sistemas do corpo.

O próximo passo é ir soltando padrões emocionais de dor...expire e solte...sem nomear nada...sem entrar no demérito da questão... apenas deixe ir!

Continue agora...levando seu foco de atenção para a região da testa...e a cada nova expiração, libere padrões de pensamentos quaisquer que sejam... Deixe-os ir... Sinta como uma luz limpando a cada nova inspiração.

Concentremos no centro cardíaco!

> Sinta sua LUZ expandir a cada respiração, e permita que essa LUZ (AMOR) promova a CURA em você!

Cure-se a si mesmo. Seu corpo, suas emoções, limpe e cure a sua mente, ela quer e precisa descansar!

Depois deixe que o poder dessa LUZ (AMOR) vá e leve a CURA para outras pessoas que vierem à sua mente. Doe Luz! A luz do peito é Luz Divina, não acaba. Quanto mais doarmos, mais luz jorra da Fonte!

Mas, antes, cuide de você. Assim seu canal ficará limpo para deixar fluir a luz aos outros!

Não pense, não racionalize, apenas sinta a luz e leve seu pensamento até as pessoas.

Assim também se faz caridade!

Namastê!

Visualização para Limpar os Sentidos

Ao sentar-se confortavelmente, porém com a coluna ereta, feche seus olhos e respire gostoso!

Perceba sua RESPIRAÇÃO pelas narinas... Leve sua atenção para o ponto entre as sobrancelhas... Sinta um foco de luz brilhar iluminando todo o local...iluminando sua testa...iluminando toda a sua cabeça...iluminando todos os seus sentidos...visão...audição... Olfato... Paladar... Tato... fique lá um pouco... só curtindo sua luz!

Abra a sua audição e procure ouvir todos os sons e barulhos de fora... Perceba então um segundo som sobre este, como um eco... observe...deixe-os lá e VOLTE PARA DENTRO DE VOCÊ!

Não crie expectativas, apenas fique...na sua luz!

Namastê!

Parte 3

Raja Yoga, o Yoga Real

Dentro desse aberto e imenso vale de bênçãos, adentramos juntos nos caminhos do Raja Yoga!

É o galho mais alto da Divina Árvore do Yoga Clássico, como vimos na Parte 1 desta obra, e que requer destaque especial, já que é a base de todo o trabalho.

O Yoga Real nos possibilita um trabalho espiritual profundo, que independe de vínculo religioso ou filosófico. Mesmo porque o Raja Yoga está ligado ao Chacra coronário, que nos liga a uma força maior no Universo, e que, segundo a Tradição, chamamos de o Absoluto.

"Certa vez um jovem encontrando-se diante de D-us, diz: "Senhor, me ajude!". Ao que D-us responde: "Filho, dá-me de beber, pois tenho sede!".

O jovem não presta atenção e D-us repete: "Filho, dá-me de beber, pois tenho sede!".

O jovem, ao escutar, vira-se e vai à procura de um poço, onde encontra uma bela jovem.

Olham-se, enamoram-se, conversam, casam-se, têm filhos. Até que, um dia, uma forte chuva destrói sua casa, a correnteza leva seus filhos, sua mulher, e o jovem grita: "Senhor, me ajude!". D-us aparece e pergunta: "Filho, onde está a minha água?".

Esta curta e simples história nos mostra exatamente o que acontece conosco, seres humanos. Acontece com você e comigo! Quantas vezes nos perdemos nas ilusões do mundo e esquecemo-nos da presença Dele em nossa vida. Claro, estamos na Terra, temos de viver a vida, trabalhar, estudar, nos relacionar, casar, termos filhos, ou seja, viver plenamente. O que nos falta para que possamos concluir nosso projeto nesta Terra é vivermos conectados a ambas as energias. Nossos pés estão na terra, embora nossa cabeça esteja acima, conectada com o Céu, essa é uma verdade inquestionável, só precisamos nos dar conta e vivenciá-la.

Diante disso, e da minha própria trajetória como professora de Yoga, a busca pessoal me levou por diversos caminhos, mas desde o meu primeiro livro, *Yoga – A Revolução Silenciosa* (Madras Editora, 2002), deixei claro: Jesus, meu Mestre!

Em minha busca pela perfeição, conheci o alfabeto hebraico, o sânscrito e a Kabalah, que me trouxeram a compreensão da minha missão nesta vida: aprender para ensinar!

Outros conhecimentos vieram até mim, mas voltando às minhas origens, como "boa brasileira", batizada católica, iniciada no Espiritismo, estudiosa de Astrologia, mestre Reiki, continuei minha busca que me trouxe até aqui, voltando às origens.

O Yoga Real, como vimos, refere-se ao chacra coronário, no topo da cabeça. Eis aqui o ponto mais alto, no qual encontramos o arco-íris, conforme descrito por Johari: "um guarda-chuva de mil pétalas de lótus, arrumadas nas cores do arco-íris". Sahasrara é a essência do nosso ser.

Yoga Real busca a atenção na caminhada, para naturalmente chegarmos ao final e encontrarmos o arco-íris. Saber que Ele existe faz de nós Raja Yoguis.

Embora a proposta seja uma abordagem voltada para o Ser ocidental, brasileiro, vamos nos situar dentro da Tradição Yogue!

Diferentemente do que alguns possam pensar, por falta de conhecimento do assunto, o Yoga não faz parte da religião hinduísta. É um sistema filosófico de vida, mas sabe-se, pelas escrituras védicas, que foi o Deus Shiva que o ensinou e deixou como legado para a transformação da Humanidade.

Todos os deuses são desmembramentos de um Deus único, que chamamos de ABSOLUTO, ou ETERNO.

Shiva vem a nós como o Transformador. Também conhecido como Destruidor.

Esclarecendo e enfatizando nosso ponto de vista a respeito da palavra Divindade, não abraçamos nenhuma religião e não discriminamos nenhuma delas. Somos adeptos da religião do AMOR que une, pois que esta é lição maior do Yoga.

Caminhada Passo a Passo do Raja Yoga

Como se constrói uma casa, vamos dispondo um tijolo sobre o outro, observando sempre o prumo, consultando a planta de vez em quando para não fugir do plano original, assim é nossa caminhada, que se dá em oito passos dentro do Raja Yoga ou Yoga Real.

Yoga Real. Real, que deriva de rei: soberano de si mesmo.

Yoga Real. Real, que busca a união com uma Realidade Divina dentro de nós.

Yoga Real. Adequado à realidade brasileira, ocidental. Alegre, forte, envolvida na busca da própria espiritualidade.

O Primeiro Passo

A observância dos Yamas, que embora sejam cinco, que aqui eu resumo em apenas um: Ahimsa, já que todos os outros constituem Ahimsa, ou não violência.

A saber:
1 – Ahimsa – não violência;
2 – Satyam – não mentir;
3 – Asteya – não roubar;
4 – Brahmacharya – não cultivar o desequilíbrio;
5 – Aparigraha – não cobiçar.

Observe que essa base pode e deve ser utilizada por todo e qualquer Ser Humano, independentemente de praticar ou não Hatha Yoga. Logo, o Yoga Real é a meta, a integração com D-us.

Esses códigos devem estar vivos em nossa vida diária, precisamos fazer a manutenção, pois as violências, tal qual ervas daninhas, que arrancamos, voltam a crescer ao menor descuido. É preciso manter nosso jardim em bom estado, pronto para receber as mudas de flores e frutos que virão a habitá-lo.

Estamos falando nas nossas violências internas, nossos medos e culpas que desestabilizam e causam inseguranças, que geram mais violências, agora também fora de nós. Tudo vem de dentro!

O Segundo Passo

Niyamas, que como no passo anterior resumo em apenas um, Saucham, a pureza. A saber:
1 – Saucham – cultivar a pureza;
2 – Santosha – cultivar o contentamento;
3 – Tapas – cultivar a disciplina;
4 – Svadhyaya – cultivar a autoanálise;
5 – Iswara-pranidhana – buscar a realidade de D-us.

Preparamos o solo em Yamas, limpando as ervas daninhas, e agora, vamos adicionar ao jardim os Niyamas.

Como flores, vamos cuidar, aguar, limpar ao redor, enfim, fazer com que floresçam em nosso jardim, nossa vida!

O jardim e as flores nos remetem à natureza fora e dentro de nós, é a presença de D-us em nossa vida, que deve ser constante e real.

E novamente eu afirmo: Yoga é uma doutrina espiritual para a Humanidade, segundo o rishi Goraksnatha.

O Terceiro Passo

Àsanas, as Posturas de Hatha Yoga, conforme trabalhamos no capítulo referente.

Mais uma vez saímos da teoria para a prática da vida.

Nosso corpo físico é, como sabemos, o veículo que nos levará ao arco-íris, observando na prática física as etapas anteriores, sempre somando, nada fica de lado. A jornada é a soma de tudo. Logo, adicionamos os Yamas e Niyamas à nossa prática nas posturas.

No Hatha Yoga tradicional, ou à maneira clássica, buscamos a manutenção da postura por determinado tempo, observando a respiração (pranayamas), veículo primeiro da prática.

Aqui, diante dos efeitos físicos da postura, poderá perceber como a sua mente se comporta e aprenderá a acalmar-se, mudar seu padrão emocional e alterar por fim seu processo mental. Essa prática durante as aulas vai modificando antigos padrões, dando lugar aos novos e mais saudáveis. Assim, vemos novamente que Yoga é uma ciência que trabalha a mente e utiliza o corpo como veículo para alcançá-la. A isso, Gorakshanatha chamou de Yoga Avançado!

Essa é a prática que realizamos em nossas aulas. Avançado não significa fazer posturas mirabolantes que, na maioria das vezes, só fazem crescer o ego, em vez de educá-lo e transformá-lo, assim como fazemos com um animal feroz. Não matamos o animal, nós o acolhemos e ensinamos maneiras novas e mais corretas de agir, sem violências nem manipulações.

Embora estejamos escrevendo sobre àsanas, tudo aqui está dentro do Raja Yoga. A Alimentação também é parte de Hatha Yoga, denominada **Mitahara**.

MITAHARA – Alimentação Vegetariana – Purificando o Ser

Mitahara corresponde ao Vegetarianismo, e consiste na alimentação equilibrada que o *chela* ou praticante de Yoga deveria adotar para melhoria de sua prática.

Faz parte de uma versão mais antiga, parte do *Hatha Yoga Pradipika*, de Svatmarama Yogendra, no qual consta uma versão mais completa de Yamas e Niyamas, onde constam dez Yamas e dez Niyamas, diferente do que se apresenta nos dias atuais, em que há cinco yamas e cinco Niyamas.

No texto de Svatmarama constam:

1. Ahimsa, não violência
2. Satya, não mentir
3. Asteya, não roubar
4. Brahmacharya, controle da energia
5. Ksama, desenvolver paciência
6. Dhrti, temperança
7. Daya, usar a compaixão
8. Arjavari, viver com retidão
9. Mitaharah, alimentar-se moderadamente
10. Sauchan, purifique-se.

Caro amigo e leitor, após você ter saboreado e assimilado o conceito de energia, faremos um breve relato sobre a importância da alimentação em nossa vida. Mas, como acontece essa mudança de comportamento e decisão?

Basicamente, o yogi, ou praticante de Yoga, não deve se obrigar a tornar-se vegetariano. Essa decisão acontece naturalmente, à medida que se pratica e se conscientiza de todo trabalho além do àsana e da meditação. É seguir seu Dharma, viver consciente da conexão com D-us, vivendo assim em harmonia.

YOGA é um conjunto de fatores que vai se afunilando até tornar-se Um. Assim como vimos nos Yamas, resumindo em Ahimsa; os Niyamas, reduzindo a Sauchan, a Purificação; em Bhakit Yoga, onde podemos devotar nosso amor a várias Deidades, quando na verdade Brahman é a raiz de todos! A cada passo que demos até aqui nesta parte do livro, caminhamos em meio às bases éticas, pessoais e sociais do Yoga; agora, você já se recorda que é um ser energético e espiritual. Já se vê, amistosamente, ciente de sua importância nos planos de D-us. Nota a importância das purificações e das implicações de uma alimentação inadequada, levando em conta o fator Ahimsa.

Parabéns, como você é importante! O que precisamos agora, além das informações, é transformá-las em conhecimento, e isso só conseguimos com a prática. Vamos realizar um exercício juntos?

Feche seus olhos,
Mantenha a coluna reta,
Sinta sua respiração,
Solte e descontraia braços, ombros, músculos da face.
Lembre-se de tudo que leu,
Procure ver o seu Ser Energético,
O Prana atuante e presente em cada parte de você.
Pense na Obra do Criador que conta com sua sabedoria. D-us nos sabe e confia em nós!
Sinta Seu Amor e a vontade de chegar-se até Ele.
Agora, meu(a) amigo(a),
O que você vai querer ingerir,
Levar para dentro deste
Templo Sagrado?

Mas, caso ainda não consiga, mesmo diante de tanto Amor do Pai por nós, sentir sua importância diante da imensidão do Universo, busque Ahimsa! Não se violente entrando em processos de culpa, apenas respire!

Receitas

Dentro em breve sua vontade prevalecerá sobre o desejo, eu creio nisso, afinal eu também sou D-us, Todos Somos: Namastê!

Para isso, separei algumas receitas com valor e sabor para sua experimentação e deleite!

São receitas versáteis, com ingredientes básicos da culinária indiana, com seus condimentos diferenciados que substituem várias raízes e hortaliças que usamos usualmente.

Um exemplo é a substituição da cebola e do alho, por assa-fétida, uma resina extraída de uma planta originária da Antiga Pérsia, auxiliar na digestão e cujo sabor é uma mistura de alho e cebola.

Muito usada na culinária hinduísta pelos brahmanes, alguns hare krishnas e todos aqueles que seguem uma alimentação chamada Satvica, originária dos antigos textos da Medicina Ayurvedica, onde a alimentação é também um processo de cura e saúde física, mental e espiritual.

A base da alimentação Sátvica é o consumo de vegetais orgânicos, frutas frescas, legumes, cereais, integrais, castanhas, saladas, leites de sementes, chás, sucos de frutas e, naturalmente, água. E qualquer doce que não tenha aditivos químicos, como o mel.

Alimentos como cogumelos, cebola, alho e o uso excessivo de especiarias são evitados por serem considerados rajázicos, e produtos que contenham álcool e cafeína como, café, chocolate e carne de qualquer tipo são considerados tamásicos, ou seja, dificultam as práticas que buscam a iluminação do ser.

De volta ao vegetarianismo, e do porquê durante a caminhada optamos pelo não consumo de carne, deixaremos um pensamento para sua reflexão:

> Se estender sua mão para pegar um frango com a intenção de matá-lo para comer, é natural que ele fuja para proteger sua vida.
>
> Entretanto, o reino vegetal parece dar seus alimentos sem demasiado sofrimento. Se estender sua mão em direção a um limoeiro para pegar seus frutos, este o entrega generosamente para que nos alimentemos deles.
>
> A árvore não sofre, o alimento é bom e eu tenho direito de me beneficiar dele. Por causa disso, considera-se que a dieta vegetariana esteja em harmonia com o **dharma**.

Ghee (manteiga clarificada)

2 kg de manteiga sem sal (encontrada nos mercados municipais)

Numa panela de inox, coloque a manteiga, em fogo brando. Observe que vai se formando uma espuma branca, que você retira lentamente com o auxílio de uma colher de madeira, sem mexer. Sempre no fogo baixo, deixe ferver por 2 a 3 minutos, desligue. Com uma concha, vá retirando com cuidado todo o líquido amarelo-ouro e colocando-o num refratário. Jogue fora toda a parte branca e a espuma que retirou.

Está pronto o alimento mais utilizado na medicina e na culinária hindu.

Krishna se alegrava quando sua mãe preparava o *ghee*. Então, cante mantras quando estiver preparando, alegre-se!

O *ghee* é usado de muitas maneiras, nos Kriyas de Hatha Yoga, em massagens ayurvédicas e na maioria dos pratos típicos.

Experimente no pão indiano! Hummmm...

Arroz integral com abobrinha

Frite no *ghee* algumas sementes de mostarda (cuidado, elas pipocam) e, assim que estourarem, coloque um pouco de açafrão; logo em seguida, o arroz integral e a água fervente. Use pouco ou nenhum sal.

Sempre no fogo bem baixo, quando estiver quase pronto, apenas úmido, acrescente 1 abobrinha com casca, lavada, esfregada, ralada, e misture delicadamente.

Tampe a panela por 5 minutos e está pronto. Gostoso, bonito e nutritivo. Use sua criatividade e acrescente castanhas durante o cozimento.

Suco de prana ou de luz

Bata no liquidificador* com meio copo de água:
2 maçãs
1 cenoura média
1\2 pepino com casca
1 ou 2 tipos de folhas verdes escuras
1 broto qualquer: de feijão, alfafa, bambu

Coe, beba e sinta-se pleno de energia prânica!
* Pode-se fazer na centrífuga, então não acrescente água.

Salada aromática
Alface, rúcula, agrião, tomate, salsinha e queijo branco. Temperados com: azeite, alecrim, gersal (gergelim preto, moído e salgado)

Chá do Yoga Real
Numa panela, derreta açúcar demerara e acrescente à calda cravo, canela e gengibre.
Coloque a água e acrescente 1 maracujá à fervura.
Coe e sirva seu amor aos amigos!

Creme de abóbora
Cozinhe pedaços de abóbora vermelha ou amarela, conforme seu gosto. Amasse bem, misture leite de coco, pouco sal, coentro (se gostar). Volte ao fogo e deixe ferver com um purê. Acrescente a noz-moscada moída (pouca, para não comprometer o sabor da abóbora), por último.
Sirva com o arroz integral. Sucesso garantido!

Bolo de castanhas
Na região Nordeste do país, conhecido como Bolo de Pé de Moleque!
Misture a 1 kg de massa de mandioca (você encontra em feiras livres, nas barracas onde vendem coco).
2 vidros de leite de coco, castanhas de caju quebradas, nozes, castanhas-do-pará, etc...
2 xícaras e açúcar cristal ou demerara.
Leve ao forno em forma untada e enfeite com castanhas de caju inteiras.
Deixe dourar e sirva... mas espere esfriar!!!

Chutnei de manga
Misture numa panela: *ghee*, açúcar demerara, grãos de cardamomo amassados. Deixe criar uma calda e acrescente pedaços finos de manga, ou outra fruta. Quando estiver numa consistência próxima a um purê, acrescente pitadas de curry. Experimente fazer com suco de tamarindo... é picante...e dos deuses!!!

Chapat (pão indiano sem fermento)
Não poderia faltar o Pão Nosso!

Misture: farinha de trigo, *ghee* e água morna. Amasse até formar uma consistência de massa de pão. Não precisa sovar. Faça bolinhas e deixe descansando por meia hora. Abra como pequenas *pizzas* bem finas e frite numa chapa de ferro, muito bem aquecida.

Com a ajuda de uma colher de madeira, aperte a massa em alguns locais enquanto ela frita no *ghee*. Você verá que bolhas vão aparecendo. Coloque sempre um pouco de *ghee* entre uma fritura e outra.

Dicas: convide os amigos. Cada chapat que fica pronto é uma festa! Coma só o chapat, ou tempere com especiarias, ou coma-o com chutnei.

Quibe de batata
2 xícaras de trigo para quibe; 1 colher de café de assa-fétida; 500 g de purê de batatas; hortelã picado; 1/2 colher de chá de sal; *ghee* ou azeite para regar. Hidrate o trigo por uma hora, em 500 ml de água. Escorra retirando toda a água e junte os demais ingredientes, misturando bem.

Leve ao forno num recipiente de vidro, untado com *ghee* (preferencialmente) ou azeite.

Regue a massa com *ghee* ou azeite e asse por 30 minutos aproximadamente até ficar dourado

Lembranças preciosas
Lembre-se: quantas receitas fantásticas você pode fazer com milho, mandioca, aveia, trigo? Quantas frutas fantásticas, grãos e castanhas têm nesse Brasil? Temos água potável, vamos valorizar!

Troque, aos poucos, o açúcar por outro menos refinado, como o cristal; faça o mesmo com as farinhas, veja quanto sabor e beleza nesses pratos simples, sem precisar da presença das carnes na mesa. Faça sua própria manteiga, purificada, como oferenda ao seu Templo Sagrado, seu corpo!

E, finalmente, cumpra a sua missão na Terra: Ser Feliz!

O Quarto Passo

Pranayamas ou exercícios respiratórios

Os pranayamas, exercícios respiratórios, muito além de desobstruírem os canais de energia, permitem a mudança de padrões mentais, emocionais e energéticos, e intimamente com nossos chacras ou centros de energia.

É importante deixar claro dois pontos importantes, antes de assimilarmos a ideia de prana, e passarmos à prática.

Com raríssimas exceções, a respiração do praticante de Yoga deve ser SEMPRE: lenta, tranquila e apenas pelas narinas.

Segundo ponto: movimenta-se o abdome a cada inspiração, distendendo-o e contraindo-o a cada expiração, movimentando o músculo diafragmático, movimentando também o coração.

Pranayama é o Quarto Passo na trajetória do Raja Yogue, e é a base de todas as Yogas. O pranayama tem a função de ampliar a absorção do prana, Alento Vital ou Presença de D-us!

Pranayama é a essência de todas as energias. Compõe o corpo sutil do Homem, regulando as relações entre ele e o Universo. Extraímos prana do Sol, do ar, dos alimentos vivos; a cada respiração o distribuímos pelos órgãos do nosso corpo físico e sutil, onde se localizam os chacras.

Vamos entender melhor seu princípio antes de passarmos aos exercícios respiratórios ou pranayamas.

Prana é a Energia Primordial, que contém e está contida em todos os seres: humanos, plantas, animais, rochas. Prana é veículo da mente, segundo a descrição hindu, nas Escrituras Sagradas. O que para os chineses é o Chi, ou Ki, para outros é Energia Primária.

O Prana se divide e transforma-se em subpranas, movendo-se em cinco direções no corpo humano: Prana, Apana, Samana, Viyana e Udhana; daí novamente a importância dos Kriyas de Hatha Yoga manter limpo o corpo, faz com que as energias fluam melhor promovendo agilização do crescimento ou evolução espiritual.

Prana: governa a respiração, penetra pelo cérebro, onde se concentra e movimenta-se para baixo.

Apana: responsável pelas excreções do corpo, fezes, urina, esperma, menstruação, o parto, e circula na região que compreende do umbigo ao ânus.

Samana: é o equilíbrio entre Prana e Apana, responsável pela assimilação dos alimentos no organismo.

Viyana: embora se concentre no coração, age no corpo inteiro.

É comum na Índia ou entre praticantes de Yoga colocar copo com água para receber os primeiros raios do sol, se possível num recipiente de cobre, para beber e energizar-se.

O praticante deve aprender a regular sua respiração, devendo esta ser suave, tranquila e apenas pelas narinas, ativando e desobstruindo os canais de energia.

Pranayama, ou controle do prana, consiste de quatro movimentos:

Puraka: inspiração, inalação, receber energia.
Kumbakha: conservar a energia, reter, distender os pulmões.
Rechaka: expiração, exalação, soltar energia transformada.
Sunyaka: vazio, abstrair-se.

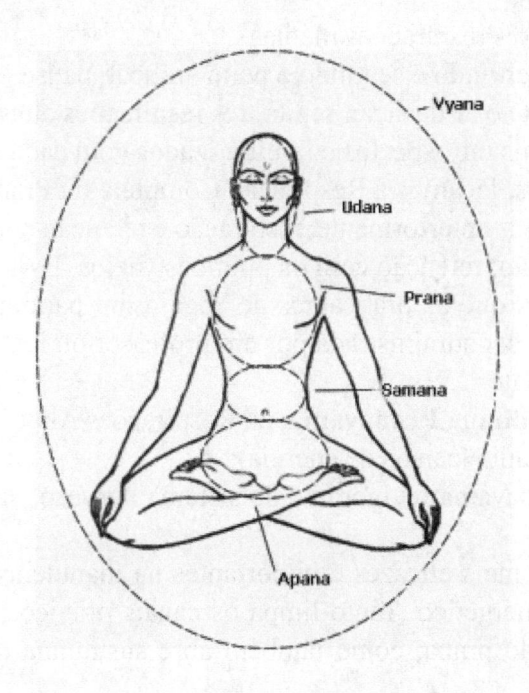

Vamos à prática!

Prana Kriya, Respiração Completa

Execução: particularmente recomendo que exercite separadamente cada um dos processos; baixo, meio e alto, antes de fazer de forma completa, as quatro etapas.

1. Inicie, se possível de olhos fechado, colocando sua atenção à região do baixo ventre enquanto inspira e expira pelas narinas;

- Expire lentamente enquanto contrai o ventre, observe na pausa, as sensações de expansão e o que lhe causa;
- Inspire lentamente soltando e expandindo o ventre.
- Faça algumas vezes e vá se familiarizando com as sensações, o movimento, e procure ouvir o som de sua expiração, fechando a glote enquanto expira.

2. Ao alongar a inspiração, sinta as costelas se elevarem abrindo espaços intercostais e intracostais.

- Pause observando a sensação, expire longamente ouvindo o som da expiração, enquanto contrai o abdome, mantendo-o contraído.
- Repita três respirações médias.

3. Inspire abrindo e sentindo o peito arquear, pause observando a sensação; solte o ar devagar. repita três respirações altas.

Agora, mais introspectos e familiarizados com cada um dos locais e sensações, façamos a Respiração Completa ou Prana Kriya!

Como lemos anteriormente, inspiração é retenção com pulmões cheios; expiração, retenção com os pulmões vazios. Existem alguns mudras (gestos) que os praticantes de Yoga usam para amplificar a ação, mas deve ser administrada por um professor ou instrutor amoroso e competente.

Nadi-Shodhana Pranayama, ou Respirações Alternadas, purificadoras dos nadis (canais de energia):

É um Pranayama revigorante do sistema nervoso, aumentando sua energia.

É um dos mais eficazes e importantes na manutenção de nosso equilíbrio energético. Tanto limpa os canais prânicos, ou canais de circulação do prana, como também abre sushumna (canal central pelo qual flui a energia), resfriando ambos os lados do cérebro. Suspende as atividades mentais, interrompendo diálogos interiores, promovendo serenidade e preparando para a meditação.

- Feche uma das narinas com um dedo, inspire lentamente pela narina desobstruída, enquanto retém o ar.
- Troque o dedo, obstruindo a outra narina. Expire lentamente e, quando todo o ar tiver saído, volte inspirando pela mesma narina.
- Continue repetindo esse movimento, de olhos fechados, observando, sentindo, percebendo o seu agora!
- Se possível, faça 20 ciclos.

A energia prana está indiretamente embutida em tudo que somos e fazemos, e se movimenta por meio dos exercícios de respiração conscientes: pranayamas.

O Quinto Passo

Pratyahara, introspecção dos sentidos

É a passagem, o elo entre as etapas exteriores (Yamas, Niyamas, Àsanas e Pranayama) para as interiores (Dharana, Dhyana, Samadhi), dentro dos oito passos do Raja Yoga.

Pratyahara é o ato de voltar-se e manter-se dentro de si, de seus padrões mentais e reais sentimentos, sentindo a si próprio, interrompendo as conexões com o externo, não permitindo invasões.

Que tipo de invasões devemos manter afastados de nós na prática de Pratyahara?

Padrões mentais negativos.

Manter limpos os sentidos: visão, audição, olfato, paladar, tato.

Da mesma forma que Yamas e Nyamas formam a base das Etapas Exteriores do Raja Yoga, Pratyahara o faz nas Etapas Interiores. Ou seja, a prática e observação de Yamas e Niyamas já é uma preparação para desenvolver Pratyahara num momento de maior introspecção.

Passamos da prática dos Pranayamas, em que controlamos nossas energias e impulsos vitais, para Pratyahara, em que obtemos o controle dos sentidos, para, posteriormente, mantermo-nos concentrados em Dharana.

O Sexto Passo

Dharana ou concentração

Dharana é o ultimo passo antes da meditação, que tem como base a respiração, o pranayama. Concentrar-se é manter a mente calma e fixa no agora.

É manter a conexão que você fez no passo anterior, ciente de sons que existem lá fora, e voltando-se para dentro.

Desenvolvemos Dharana durante a prática de Yoga Nidra (relaxamento), quando fazemos um passeio por cada parte do corpo, escaneando-o, separando a energia densa do corpo físico e percebendo a energia do corpo sutil.

Dharana é aquele momento em que, após a execução de Àsanas, Pranayamas e Pratyahara, você permanece consciente de que tem um corpo, mas não é o corpo; você tem uma mente, mas não é a mente; você é luz, energia pura, radiante, além de tempo e espaço. Isso é Dharana!

Dharana é aquele momento em que você vocaliza um mantra inúmeras vezes e, de repente, torna-se um com ele. Você está no mantra, ele está em você. Isso é Dharana!

O Sétimo Passo

Dhyana, a meditação Raja Yoga

Amigos, não há como ensinar alguém a meditar, o que eu posso e faço pelos alunos e amigos é mostrar-lhes o caminho!

O iniciante deve entrar pela porta larga dos Pranayamas, como vimos, para então caminhar por Pratyahara, mergulhar em Dharana e descansar em Dhyana, Meditação!

Tudo na vida está conectado, assim como no Yoga.

Dhyana é estar além das ansiedades, medos, inconclusões; é estar lá e apenas vislumbrar a paisagem e a presença de D-us.

Meditar é estar além dos julgamentos do ego; é sentir que seu corpo físico, denso, existe e deixa-lo lá! Voltar-se para seu corpo energético, íntegro, além de tempo e espaço!

Consulte na Parte 2 do livro as Visualizações, uma das formas de praticar Dhyana, Meditação.

Dhyana é a junção dos efeitos de Pranayama (porta de entrada), Pratyahara (zelar, manter a energia limpa) e Dharana (manter o foco na unidade).

O Oitavo Passo

O Samadhi ou Iluminação

No Samadhi cessam todos os desejos; diluem-se todos os ensinamentos, todos os Yamas, Niyamas, Àsanas, Pranayamas, Pratyahara e Dharana. O corpo e a mente foram devidamente treinados, cessando todas as aflições e karmas!

O Iluminado alcança o domínio de todos os elementos: Terra, Água, Fogo, Ar, Éter!

O Iluminado alcança o domínio dos seis chacras!

O Iluminado vive em estado de Contemplação!

O Iluminado vive absorto na Supraconsciência!

A mente de um Iluminado é livre de impressões cármicas!

Como diz o Mantra:

Saímos da "*mente subconsciente/inconsciente*, para a *mente consciente* e alcançamos a *mente supraconsciente*, que, ao final, torna-se uma só mente!

Eis um aspecto poético e musical deixado pelo músico Gilberto Gil:

"*...Se eu quiser falar com Deus*
Tenho que me aventurar
Tenho que subir aos céus
Sem cordas pra segurar
Tenho que dizer adeus
Dar as costas, caminhar
Decidido, pela estrada
Que ao findar vai dar em nada
Nada, nada, nada, nada
Nada, nada, nada, nada
Nada, nada, nada, nada
Do que eu pensava encontrar"

O Samadhi acontece quando cessa o desejo pela Iluminação!

Gratidão aos Mestres

Gratidão aos Mestres!
Aos Gurus!
Aos seres puros que apontam o caminho e dissipam a escuridão!
Primeiramente aos mestres que através de milênios cuidaram para que o legado do Yoga não se perdesse, chegando até os dias atuais!

Saúdo os Rishis que fundaram as Seis Escolas Filosóficas, entre elas: Yoga, contidas no Manarva Dharma Shastra ou Livro das Leis de Manu, que contém Parasharas, chamadas Verdades Absolutas.

NYAYA, a primeira escola filosófica com textos compilados pelo **Rishi Gautama**, no século II a.C, onde se estuda a lógica.

VAISHESHIKA, a segunda escola filosófica, cujos textos foram compilados pelo **Rishi Kanada**, em III a.C. onde se estuda o Cosmos e o átomo como primeira viagem.

SAMKHYA, a terceira escola filosófica, com texto compilado por **Kapila**, no século VII a.C, onde se estuda a evolução da matéria (Prakriti) e do espírito (Purusha), que contém a teoria dos Três Gunas.

YOGA, a quarta escola filosófica, compilado e codificado pelo **Rishi Patanjali**, conhecido como Yoga Sutras ou Aforismos do Yoga, que ensina o praticante a atingir uma experiência direta com o Absoluto.

Aforismos: máxima ou sentença que, em poucas palavras, explica regras ou princípios de alcance moral (*Houaiss*).

PURVA MIMANSA, a quinta escola filosófica, com texto compilado pelo **Rishi Jaimini**, onde se estudam os rituais e cerimônias védicas.

VEDANTA, a sexta escola filosófica, compilada pelo **Rishi Vyasa**, que estuda o ser humano frente à realidade.

A palavra vedanta significa Final dos Vedas, ou Reflexão Final, onde o Ser Supremo é chamado Sat-Chit-Ananda. Sat (Essência, Verdade); Chit (Consciência Absoluta); Ananda (Perfeita Felicidade).

Tantos mestres alcançaram a Iluminação, e muitos estão ou estiveram fisicamente entre nós! Cada um cumprindo seu propósito. Alguns nomes ficaram registrados na História, outros preferem ocultar seus nomes.

Tantos ensinamentos! Legados espirituais fantásticos foram-nos deixado como legado para nossa evolução e autoiluminação!

Como nos mostra a Mãe Natureza a cada discípulo, seu mestre e vice-versa!

Alguns passam seus ensinamentos por vias que consideramos amorosas, outros por vias que consideramos dolorosas, outros apenas pelo silêncio, outros por seus exemplos, nunca apenas por palavras!

Gratidão a Sri Ramana!
Gratidão a Sivananda!
Gratidão a São Francisco do Assis!
Gratidão a Ramakrishna!
Gratidão a Vivekananda!
Gratidão a Babaji!
Gratidão a Santo Agostinho!
Gratidão a Ramatís!
Gratidão a Santa Thereza D'Ávila!
Gratidão a Sir Yuktesawar!
Gratidão a Santos Inácio de Loyola!
Gratidão aos Orixás!
Gratidão a Krishnamurti!
Gratidão a Lahiri Mahasaya!

Longe de linhas espirituais, religiosas ou filosóficas, mestres tão somente trazem sua verdade, escancarando-a para nós, com uma total simplicidade, que foge ao entendimento de muitos.

Falar de seres despertos em sua espiritualidade, homens e mulheres de valores inenarráveis. Mestres contemporâneos, como: Francisco Cândido Xavier, Paramahamsa Yogananda, Madre Tereza de Calcutá, Mãe Menininha do Cantuá, Massaharo Taniguchi, Dalai Lama, Irmã Dulce, Sai Baba, Osho e outros.

Alguns, conhecemos por literatura e pelas palavras dos seus discípulos, entretanto, somos privilegiados por compartilhar com tantos seres iluminados que ainda estão entre nós, ou que foram nossos contemporâneos nessa jornada terrestre.

E, como o centro deste trabalho tem um propósito Bhakit, pedi para que cada praticante e discípulo escrevesse falando e apresentando a beleza do legado que seus mestres e/ou gurus, deixaram para sua vida e à Humanidade.

Deixo aqui expresso minha gratidão, lembrando os nomes e legados de alguns Mestres que nos acompanham nessa jornada!

Gratidão a Angela Vescovi por suas palavras sobre S. S.Dalai Lama! Alexandre Anselmo por nos trazer um pouco do grande amor de Chico Xavier! Nelson Tahuse... Anselmo Paes Jr, pela clareza de Osho! Danny Bellini por compartilhar a beleza e a doçura de Yogananda! Ronnie pela reverência a Sai Baba!

Milarepa, o Poeta do Tibete

De bruxo a santo, um dos maiores Yogues da história do Tibete.

Principal discípulo de Marpa (1012-1097), é renomado por toda a área cultural tibetana como uma das maiores figuras do budismo Vajrayana.

Milarepa se prostrou aos pés do mestre e implorou para que lhe ensinasse o Dharma.

Marpa respondeu que a iluminação de Milarepa dependeria unicamente de sua própria perseverança e determinou uma série de tarefas difíceis e desencorajadoras a seu novo discípulo, que foram designadas para purificar o seu carma negativo.

Marpa fez Milarepa construir uma série de torres, uma após outra, e, após a completa edificação de cada uma delas, ela ordenava a Milarepa que a derrubasse e colocasse todas as pedras de volta no lugar de onde vieram, para não estragar a paisagem. Cada vez que Marpa mandava Milarepa desmanchar uma torre, apresentava alguma desculpa absurda, como alegar que estava bêbado quando ordenara a construção ou afirmar que absolutamente nunca as encomendara. E Milarepa, cada vez mais ansioso pelos ensinamentos, colocava a casa abaixo e recomeçava.

Após duras batalhas internas e externas, Milarepa entrou em retiro e, após meditar em uma caverna por vários anos, tornou-se iluminado e alcançou todas as realizações comuns e sublimes. Passou a escrever poemas sobre o **Dharma** e ensinar aos discípulos famosos. Vários sinais auspiciosos surgiram ao fim de sua vida, quando Milarepa obteve a liberação completa.

Milarepa foi uma das minhas inspirações para começar a escrever poesias!

Jesus, Meu Mestre e Irmão Maior

"Eu Sou o Caminho, a Verdade e a Vida!"

Ele dispensa apresentação, e poderia estar ressaltado ao lado da Tríade de Brahma, Vishnu e Shiva, assim como Krishna, mas creio que isso não faz diferença para um mestre!

Tenho me colocado desde o início como profissional de Yoga, como discípula do Mestre Jesus, que está presente integralmente nesta obra, como emissário de D-us, exemplo a ser seguido, aquele que veio para a nossa salvação, trazendo a Boa Nova, a renovação da Aliança com o Pai.

Ele não apenas teorizou, demonstrou de todas as formas em sua trajetória o que fazermos. Disse claramente: "Sois como Eu Sou!"

Maior é aquele que não apenas dá o peixe, mas que ensina a pescar. Ele nos guiou pela mão, mostrou, demonstrou e viveu de forma plena o Seu amor ao Pai.

Já é hora de nos voltarmos a Ele, colocando-o em nossa vida, na prática. Por isso, dediquei-me à prática do Suryanamaskar meditando na oração do **Pai-Nosso**, que Ele, como mensageiro humilde, deixou para nos lembrarmos da vontade do Pai, que é Amor Infinito.

Claramente, Ele sabia de tudo, mas ainda hoje soa estranho à humanidade **que** a Vontade de D-us é a nossa ascensão, que temos e somos capazes de vivermos na Terra em comunhão com o Céu.

Com toda Sua santidade, colocou-se como nosso irmão, deu-se em holocausto a pedido do Pai, pela nossa salvação, renovando assim os laços de amor de D-us com Seus filhos, nós, seres humanos.

Por tudo isso, e por todos os exemplos e ensinamentos deixados, santifiquemos o nome de Jesus, o Avatar do Amor na Terra!

Francisco Cândido Xavier,
por Alexandre Anselmo, radialista

Recordando o Cristo, Jesus, que nasceu em local simples, e relembrando a história daquele que foi um dos maiores exemplificadores do Messias, o médium Francisco Cândido Xavier, o Chico de Uberaba, é possível entender que o objetivo da vida terrestre não é ter, mas ser. A posse do supérfluo não foi a pauta da evolução desses dois profetas da humildade. Chico Xavier viveu 92 anos nesta etapa evolutiva, dedicou 75 deles à caridade, ao próximo, aos desprovidos do mínimo tornando-se o máximo na vida de muita gente, sem a pretensão de sê-lo. De todos os desafios, talvez, o maior tenha sido ver a sua querida mãe deixar a veste física quando ele ainda sentia necessidade, como qualquer criança, do abraço confortante e protetor, do olhar terno que diz sem palavras. Ela voltou para acalmá-lo e prepará-lo para a vida, física e espiritual, no trato com os dois mundos. Chico menino seguiu os passos do Mestre, foi incompreendido por ver o que ninguém via, mas como sempre encontramos anjos pelo caminho, ele foi apadrinhado por um casal que o ajudou a entender o que era mediunidade e iniciou sua tarefa nas letras, deixando a mão livre para os benfeitores que encontraram nele o canal para consolar mães, pais e filhos nos momentos difíceis de separação.

Estive em Uberaba para conhecer este homem que fazia pessoas transformar lágrimas de dor em saudade. A mão que escrevia poemas, cartas, romances, transformava tudo isso em alimento para os pobres. De nada precisava além da alegria daqueles que o procuravam. Ficava triste quando não podia ajudar de imediato.

Bendita luz iluminou a Terra naquele 2 de abril de 1910. Chico retornou à Grande Pátria no dia 30 de junho de 2002. Foi a voz doce que cantou a paz através do amor. Aprendeu e ensinou, cresceu e multiplicou o bem. Adotou o Espiritismo como sua estrada rumo a Jesus. Pela psicografia deixou mais de quatrocentos livros que, posso dizer, complementa a obra do professor francês Hippolyte Léon Denizard Rivail, codificador da doutrina Espírita, que adotou o nome Allan Kardec.

Sem jamais querer converter quem fosse, Chico foi testado por jornalistas, pesquisado, inclusive por cientistas da Nasa, que mediram a sua Aura atestando que ela tinha dez metros de diâmetro, surpreendendo-os pela grandeza espiritual que ele era.

Há 114 anos Chico nasceu, há 12 anos transcendeu. "Eu não posso transferir a minha certeza àqueles que me ouvem", disse. Chico foi um yogue, um mestre. Pois é, Chico, nós entendemos o recado e estamos seguindo suas pegadas que nos levarão ao Alto.

Paramahamsa Yogananda,
por Danny Bellini, professora de Yoga da Cia de Shiva

Mukunda Lal Ghosh, meu amado Guru mais conhecido como Paramahansa Yogananda, o Mestre da Kriya Yoga, entrou em minha vida há muitos anos, quando era ainda uma criancinha de 7 anos mais ou menos. Sempre que praticava yoga com meu avô, eu sentia a presença de um homem lindo e moreno ao meu lado, às vezes conversava com ele. Meu avô sempre acreditou em mim e me respeitou, pois sabia da minha alta mediunidade.

O tempo passou, eu cresci e essa luz amiga, essa paz fantástica sempre esteve comigo.

O yoga que trouxe de vivências passadas continuava tomando conta de minhas memórias, sentia cada vez mais forte e viva a presença Dele.

Abracei o yoga como minha fonte de vida, transformação e sabedoria. Com ele abracei meu amigo de infância e senti todo seu amor incondicional. Travei contato com a bênção maior, senti o que é vivenciar verdadeiramente o que o Guruji chama de Consciência Chrística. Resgatando o que todos nós temos e somos, o Amor.

Meu amigo amoroso desencadeou em mim uma viagem interna, abriu portais de dimensões maravilhosas, mostrou-me na prática minha essência, além de nome, sobrenome, RG e corpo. Mostrou a beleza da alma, de viver, presenciar e conviver com nós mesmos sem precisar de véus de maya, sem precisar de artifícios. Sem medos, sem questionamentos, simplesmente somos e isto basta.

E esta experiência maior ocorreu em uma noite depois de horas de meditação, quando já estava em meu quarto. Deitada, elevando o pensamento, de olhos fechados e executando alguns exercícios da Kriya. Mesmo de olhos fechados, meus verdadeiros olhos sentiram uma luz muito forte invadindo o meu quarto, uma luz que aquecia minha alma e invadia todos os poros do meu corpo físico. Com a luz um cheiro de Índia, de rosas e sândalo tomou conta de todo o recinto, além da sensação de paz sem precedência que invadiu meu coração. Eu sabia que estava na presença Dele, e simplesmente agradeci e fiz de meu corpo e minha alma o seu veículo.

Mentalmente ele vocalizou um mantra que ficou durante todo tempo que esteve comigo, e, depois disto, seu corpo astral fundiu-se com o meu e nos tornamos um só ser.

Meu corpo formigava e vibrava, e o aroma se tornava cada vez mais forte.

Não sei quanto tempo isto durou. Não tenho como explicar em palavras o que ocorreu comigo aquela noite, só agradeço e peço a ele ser digna de continuar fazendo o meu trabalho e sendo seu veículo.

Após este encontro muitos mais ocorreram e o despertar de minha Shakti se deu meses depois daquele doce momento.

Jaya Yoganandaji Jaya....

Dalai Lama,
por Ângela Vescovi, praticante budista, professora de Yoga

S.S. Dalai Lama, um "Buda vivo"? Todas estas perguntas permeavam meu imaginário até ter contato com ele em 2006, em sua visita ao Brasil. Não tem como não reconhecer, seu corpo de LUZ, sua radiância e budeidade plena!

Nascido na província de Amado, nordeste do Tibete, no dia 6 de julho de 1935, num lar de agricultores, aos 3 anos de idade é reconhecido como a nova encarnação na linhagem dos dalai-lamas, e assim educado para a vida monástica no Palácio de Potala, palácio mosteiro que sediava o governo tibetano e entronado aos 15 anos de idade em 1950.

O XVI Dalai Lama se difere dos demais dalai-lamas pelas causas e condições que a invasão chinesa provocou no Tibete, em 1959. O conflito que envolve essa questão está além do Tibete geográfico.

Ganhou o Prêmio Nobel da Paz em 1989 tornando-se conhecido mundialmente e em especial no Ocidente. O Comitê Norueguês do Prêmio Nobel justificou assim: ["...O Dalai Lama desenvolveu sua filosofia de paz, com grande reverência por todas as coisas vivas e um conceito de responsabilidade universal que envolve toda a humanidade e também a natureza".]

Sua compaixão pela humanidade e amor pela ciência o fez unir-se a um grupo de cientistas para comprovar os benefícios das práticas contemplativas e meditativas. Sua dignidade também chama atenção ao participar das palestras e apresentações científicas, apenas como convidado e ouvindo sem opinar, porque, como era de se esperar, sua presença no meio não era unanimidade.

Além da extensa agenda, acorda às 4 horas para meditar e rezar por todos os seres e cumprir suas obrigações de monge budista, que sempre faz questão de dizer que é apenas isto. É evidente que se trata de um erudito da ordem mais elevada, nem tanto divulgada, mas quando surge em seu manto ocre e bordô, não deixa dúvidas: seu papel de monge, sua santidade e budeidade se destaca mais do que qualquer outro aspecto!

Encerra seu dia com orações e uma de suas fontes de inspiração é o santo budista Shantideva, de onde recita seus versos:

Enquanto o espaço existir
Enquanto seres humanos permanecerem
Devo também permanecer,
Para dissipar a miséria do mundo

Seu nome é TENZIN GYATSO, mas pode chamá-lo também de COMPAIXÃO!!!

Possam todos os desejos de seu coração se realizarem! Dedico os méritos a todos os Mestres de todas as tradições!

Sai baba,
por Ronie Mahesh

Meu Mestre, Meu Guru, Meu Pai/Mãe... Sathya Sai Baba.

Sou seu aspirante, procurando conhecer-me, em seus ensinamentos que nos mostra a transparência do viver em um mundo regido por Amor, Verdade, Paz, Retidão e Não Violência na busca do verdadeiro caminho, que se faz na procura do Deus presente em você, numa regência de amor a tudo e todos.

Somos seres que, vivendo neste universo, não temos a dimensão deste todo que nos envolve e nos faz sermos presente nesta unidade, dividindo um caminho que nos leva a sairmos de seres animais, para seres humanos e depois nos tornamos os verdadeiros seres espirituais, em nossa essência...

Estes, em poucas palavras, são os ensinamentos de meu Mestre que há alguns anos venho aprendendo e apreendendo a minha vida e que sinto presente em mim e que me deixa ser quem sou, mostrando-me e orientando-me através de seus ensinamentos.

Tenho gratidão a tudo e a todos que me cercam e a Sri Sathya Sai Baba por tudo que me fez e faz por meio de seus ensinamentos escritos e vividos em minha vida diariamente...

Om Shanti!!!

Mestre Liu Pai Lin,
por Nelson Tao Tahuse

Mestre Liu é chinês. (Nascido em 8 de dezembro de 1907 em São Paulo, Brasil-3 de fevereiro de 2000). Foi um dos introdutores da Medicina Tradicional Chinesa no Brasil. Divulgou por todo o país a prática do Tai Chi Pai Lin, oferecendo também cursos de formação em Massagem Tui Na e Meditação Tao Yin (Yoga Taoista).. Naturalizado brasileiro, Liu Jen Yu (chinês tradicional é o nome que encontramos em seus documentos). O Mestre adotou o nome Pai Lin (bailing), que em chinês significa cem anos, para expressar seu desejo de que todas as pessoas possam ter uma vida longa e saudável: "Não é só o meu próprio nome, mas o de todos que se dediquem de coração a essas práticas." (Mestre Liu Pai Lin, 1992).

Gostaria de saudar a todos os Mestres encarnados e não encarnados citados neste livro, glorificando assim todas as linhagens de todos os Mestres!

Parte 4

Diário de Raja-Yoga:

Amigos e leitores,

Diariamente, ao sentar-me em frente ao computador e abrir a página da rede social Facebook, saudava meus mentores e amparadores, pedindo uma palavra de conforto que nos elevasse a energia para que cada um pudesse ter força e discernimento necessários mais um dia... um de cada vez! Assim, canalizava e canalizo cada um de meus bons dias do mural.

Até que um dia, em meio a falhas no sistema de Internet e em minha própria máquina, percebi que poderia colocar em livro alguns daqueles conceitos para que os tivessem perto, caso perdêssemos o contato virtual.

Com humildade e alegria, decidi começar este trabalho.

É para vocês, para mim, para nosso crescimento!

Que possamos ter a coragem e a força de Francisco... O de Assis...e o Xavier... para cumprirmos interna e externamente a mais bela oração para o crescimento humano como instrumento de evolução na Terra!

Que desenvolvamos, de dentro para fora, a força de sermos instrumentos de Paz!

Que possamos ser o AMOR onde exista o ódio!

Que possamos usar a força motriz do Espírito para agirmos e reagirmos às ofensas com o perdão!

Quanto mais eu me conheço e me aprendo... Quanto mais eu observo os erros alheios...mais percebo o quanto estamos ainda distantes dessa HARMONIA espiritual!

Sejamos simples, nos dizem!

Ninguém está pedindo a vocês para serem Francisco...mas sim para se disporem a seguir-lhe os exemplos...na medida em que vos seja possível...mas esforçando-se com alegria na senda da ascenção!

Se parardes para olhares o que não conseguistes, ou levardes teus olhares para os malefícios, assim, estareis te distanciando!

Nutre o melhor em ti, veste teu manto. O Manto a ti presenteado, e cumpre o que é a tua tarefa.

Deixe que cada um cumpra a sua, sem te incomodares em ser mais, ou menos que estes!

A cada um, sua tarefa bendita. Sabes a tua?

Usa-a com alegria!

Vivendo na Magia de Apenas Ser! Sê feliz Agora!

Namastê!

Nossa proposta e intenção é que você possa utilizar esse "Diário" como mais uma ferramenta.

Pela manhã, propondo a si mesmo um trabalho íntimo para ajudá-lo a manter-se conectado durante o dia. E à noite, visitar-se, observando, sem culpas, até que ponto conseguiu manter-se conectado à energia proposta, agradecendo e preparando-se para melhorar a cada novo dia...um dia de cada vez!

Que essa proposta norteie seus movimentos internos para manifestá-los no externo!

Namastê!

1/30 – A Força de Francisco em Nós

Bom dia!

Oremos!

Que ao dizermos: "...mas, livrai-nos do mal, amém!", possamos pensar no mal que nos habita!

Livrai-nos do orgulho...que faz com que muitas vezes rebatamos o mal que nos fazem...e que nos arrasta a culpas desnecessárias!

Livrai-nos da presunção...que muitas vezes nos faz pensar que não precisamos do amparo e da energia de outros!

Livrai-nos da inveja...da cobiça...encontrando e valorizando cada conquista nossa!

E, sobretudo, lembremo-nos da outra frase que diz: "...perdoai as nossas dívidas...assim...livrando-nos do peso da culpa a cada oração!

Leveza!...Bondade!...Compaixão!...Exercitamos dentro...para sermos capazes de exercitar fora de nós!

Namastê!

Boa noite!

Oremos!

Silenciando, respiramos algumas vezes, deixando ir com as expirações, pensamentos, emoções, dores, ansiedades, à medida que nos colocamos em conexão com o Divino: "Eis-me aqui, Senhor!"

Obrigado, Senhor, pela energia que me deste neste dia, pelo amparo em todos os momentos, pela compreensão diante minhas falhas humanas!

Sinto-me feliz por ter tentado em todos os momentos ser uma pessoa melhor. Sei que caminho a passos curtos, mas sei que toda ação positiva, independentemente do tamanho, é validada por Vós!

Obrigada, Senhor, por sempre acreditar que eu posso Ser Melhor a cada dia!

Gratidão eterna ao meu querido Anjo da Guarda, que me acompanha sem julgar, sempre a postos para mostrar os bons caminhos!

Gratidão a todos os mestres inomináveis pelo amparo!

Assim, na gratidão, no AMOR, repouso meu corpo sobre a cama que gentilmente me recebe. Namastê!

2/30 – Vivendo a Alegria de Apenas SER

Bom dia!

Olhemos para nosso corpo. Perfeito!

Sejamos gratos!

Olhemos para tudo o que conquistamos na vida... sonhos realizados, pessoas queridas, realizações!

Olhe e veja a sua capacidade de amar, sua força para recomeçar todos os dias, todas as batalhas que já ganhou e como!

Somos poderosos, e nosso poder está em vencermos nossos preconceitos diante nós mesmos! Mantendo a autoestima, conhecendo nossas falhas de personalidade para corrigi-las um pouco a cada nova experiência, vencer nosso orgulho e, sobretudo, lembrar que não estamos sós, que embora não percebamos, há Ordem em todo caos!

Sejamos positivos! Não permita que apenas uma fração de sua vida sugue a energia das outras partes!

Vivamos com Arte!

Cuidar dos alicerces, que são nossas emoções e nossos desejos, para não sucumbir com qualquer ventania do mundo lá fora!

Vamos embora para a Luz!

Limpe sua mente, seja seu comandante. Avante!

Namastê!

Boa noite!

Oremos!

Silenciando, respiramos algumas vezes, deixando ir com as expirações, pensamentos, emoções, dores, ansiedades, à medida que nos colocamos em conexão com o Divino: "eis-me aqui, Senhor!"

Obrigado, Senhor, por mais esta oportunidade de viver, contemplando a extraordinária máquina que me deste como corpo físico, para que eu possa evoluir e voltar para Ti!

Pouco a pouco, consigo perceber quem realmente eu sou, meus pontos fortes e fracos, e minha capacidade imensurável de enxergar além da matéria!

A cada dia, sou grata!

A cada dia, aprendo a alimentar o lado positivo da minha mente!

Aprecio meu poder, consciente de usá-lo para meu crescimento espiritual e moral, e jamais para prejudicar alguém em prol de falsos benefícios!

Aprendo cada dia mais o prazer de parar alguns minutos apenas para respirar e sentir a Tua Presença dentro e acima de mim!

Assim, na gratidão, no AMOR, repouso meu corpo sobre a cama que gentilmente me recebe. Namastê!

3/30 – Esperança no caminhar. Hoje!

Bom dia!

E, se estiveres cansado, coloca D-us para guiar a tua carruagem!

Paremos de brigar com a vida, uma briga inútil na qual desperdiçamos muito tempo e energia!

Se o ganho e o trabalho que fazemos não é suficiente neste momento, aproveitemos nosso tempo de sobra para nosso bel-prazer!

Sem culpas! Que tal um passeio no parque, contemplando e se integrando à Mãe Natureza?

Ou quem sabe aquele sorvete de chocolate que você não se permite faz tempo!

Um banho demorado com óleos essenciais!

Uma prece, uma vela para seu Anjo da Guarda!

Ter prazer é bom, vale o contexto em que está inserido e a boa intenção!

Deixemos de lado o baixo-astral, como diz o samba, visto que a vida passa muito rápido!

Só por hoje: permita-se ser feliz!

Lembremo-nos das palavras do querido José Medrado: "Nada, nem ninguém vale a minha Paz"!

Esperança e Fé, para valer!

Namastê!

Boa noite!

Oremos!

Silenciando, respiramos algumas vezes, deixando ir com as expirações, pensamentos, emoções, dores, ansiedades, à medida que nos colocamos em conexão com o Divino: "Eis-me aqui, Senhor!"

Boa noite, Senhor! Que bom estar novamente em Tua companhia!

Sei que estás comigo sempre, mas sabes que há dias em que nossa capacidade é mais testada e, por vezes, quase sucumbimos em nossa fé!

Repouso agora minha alma em Ti, e sei que me refaço neste sono bendito que me aguarda!

Em tempo, pude parar e olhar em volta, sair da dura estrada e contemplar a Natureza à minha volta!

Pude então me nutrir de Tua força, repousar minha mente nas belezas de Tua criação e recuperar a paz!

Comprometo-me a cuidar mais de mim, tomando banhos aromáticos, se meu coração pedir; reservando algumas horas, pelo menos um dia na semana, para contemplar Tuas maravilhas e fundir-me nelas!

Assim, na gratidão, no AMOR, repouso meu corpo sobre a cama que gentilmente me recebe.

Namastê!

4/30 – Saber Quem Sou!

Bom dia!
Que no decorrer do dia estejamos conectados ao ETERNO.
Conectados à Mente de D-us, priorizamos os bons pensamentos.
Conectados ao Amor de D-us, transformamos emoções em sentimentos, pois temos discernimento para saber diferenciar um do outro.

Conectados à Energia de D-us, tornamo-nos mais saudáveis, pois saúde é equilíbrio. Equilíbrio é o Caminho do Meio!

O medo, a sensação de desamparo, as dúvidas e todo sofrimento nascem da desconexão com D-us. A Conexão é a Fé.

"Dizem que a fé move montanhas, aprendi que não. Ela nos dá forças para contornar a montanha!" Roberto Carlos.

Com fé em mim e em você!
Namastê!
Boa noite!
Oremos!

Silenciando, respiramos algumas vezes, deixando ir com as expirações, pensamentos, emoções, dores, ansiedades, à medida que nos colocamos em conexão com o Divino: "eis-me aqui, Senhor!"

Obrigado, Senhor, por mais um dia de vida! Mais uma oportunidade de aprender! A cada dia me sentir melhor, mais energizado, mais serena, aprendendo a encontrar a paz dentro de mim!

Estou tendo e aproveitando a oportunidade de aprender a me conectar Contigo!

A cada dia sinto mais próxima à Tua presença. E isso me dá um equilíbrio que desconhecia em mim.

Estava acostumada a sofrer, a duvidar da vida, a observar o que fazia falta!

Hoje, vou me acostumando a olhar a vida de maneira mais simples, e ver o divino em tudo, porque sei que És o Tudo, o Todo!

Estou construindo um novo ser!

Assim, na gratidão, no AMOR, repouso meu corpo sobre a cama que gentilmente me recebe.

Namastê!

5/30 – Clareando Nossa Vida!

Bom dia!

Busquemos a claridade!

Claro caminho, clara palavra, claro gesto, claro pensar, clara emoção (sentimento), clara idade a chegar!

Clarear!

Caminhemos, a cada novo passo, buscando um novo olhar para nós e para nossa vida!

Observe um olho, uma célula, um ovo, uma mandala!

Vamos trazer essa visão para nós!

No centro, o Eu Interior, a Luz, o Espírito, o brilho!

Na camada externa, o corpo físico, suscetível aos males da alma (padrões emocionais).

Ao que chamamos alma, são atributos de ações, emoções e sentimentos.

Ao expandirmos a luz do núcleo, clareamos a alma e o corpo recebe essa luz como saúde, equilíbrio!

Clareando, eu e você!

Namastê!

Boa noite!

Oremos!

Silenciando, respiramos algumas vezes, deixando ir com as expirações, pensamentos, emoções, dores, ansiedades, à medida que nos colocamos em conexão com o Divino: "eis-me aqui, Senhor!"

Obrigado, Senhor, por ter vivido mais este dia. Oportunidade divina de buscar e encontrar um novo olhar em mim e em volta!

Hoje, percebo-me cada dia mais calmo quando observo os pontos negativos que tenho tentado modificar, sem que isso me cause culpas!

Tenho aprendido sobre meu poder de clarear minha vida, modificando meus padrões mentais, e com isso transformando emoções em sentimentos elevados!

A cada dia que passa, sinto-me mais capaz de autorrealização espiritual. E sinto-me feliz com isso, mas sei que devo cuidar para que meu ego não me domine e me ache melhor que os outros.

Sou melhor em mim, para mim e aos Teus olhos, Senhor! Assim, na gratidão, no AMOR, repouso meu corpo sobre a cama que gentilmente me recebe.

Namastê!

6/30 – Prosseguindo no Amor!

Bom dia!
Prosseguir!
Sempre, e apesar da dor, seguir no amor!

Possamos, ao caminhar, observar as flores do caminho, sentir a textura da terra sob nossos pés, os detalhes nas folhas das árvores, o barulho sadio das crianças a brincar!

Possamos desfrutar dos atributos de cura e ensinamentos da Natureza, e conseguir fechar os olhos e sentirmo-nos parte dela!

Possamos nos permitir olhar o Céu, com suas nuvens a se movimentar, desenhando figuras que nossa mente enxerga, e nos perdermos nesse olhar!

Lembremos de olhar a Natureza sempre que nos sentirmos sem forças.

Alimentando o "bom cachorro", deixamos o outro sem forças!

Estamos cercados de inspirações divinas para nos espelhar e renovar nossa força!

Ao precisar de um conselho, convoque os anjos, os mestres, e silencie!

Meditando para receber, com você!

Namastê!

Boa noite!

Oremos!

Silenciando, respiramos algumas vezes, deixando ir com as expirações, pensamentos, emoções, dores, ansiedades, à medida que nos colocamos em conexão com o Divino: "eis-me aqui, Senhor!"

Obrigado, Senhor!

Estou a cada novo dia, sem me apressar, como ensinam os mestres, a perceber que é possível viver uma vida dentro desta vida!

Vou aprendendo a viver um dia de cada vez, colocando um propósito de bem-aventurança em tudo que faço, penso e digo!

Feliz, pois à medida que vou conseguindo lançar um olhar de esperança sobre mim, vou, pouco a pouco, começando a exercitar a compaixão diante dos erros dos meus irmãos!

Hoje, sou melhor que ontem! Estou construindo hoje o meu amanhã, e sei que poderei vivê-lo com serenidade e fé, pois estou consciente do que plantei hoje!

Assim, na gratidão, no AMOR, repouso meu corpo sobre a cama que gentilmente me recebe.

Namastê!

7/30 – Ser ou Estar? Eu Sou!

Bom dia!

Estou (seu nome), mas não sou!

Estou nesta profissão, mas não sou.

Estou neste corpo, mas não sou.

Estou nesta casa, mas não sou.

Não sou apenas o que os sentidos, seus e meus, mostram.

Eu Sou, Tu És, Nós Somos: Energia!

EU SOU Luz!

Tu És Luz!

Somos Luzes, além dos sentidos físicos.

Quando meditamos, entramos em contato com esse EU Puro, Perfeito, Luminoso.

Quanta beleza dentro de nós!

Sentimos a leveza que habita além desse querido e denso corpo físico.

Às vezes, ficamos bravos, respondemos mal, verbal ou internamente, e depois nos arrependemos!

Por quê?

É nosso coração dizendo: isso não é você! Apenas esteve daquele jeito por fraquezas que ainda possui, como a vaidade!

Aprendemos a ouvir e entender a voz do nosso coração!

Namastê!

Boa noite!

Oremos!

Silenciando, respiramos algumas vezes, deixando ir com as expirações, pensamentos, emoções, dores, ansiedades, à medida que nos colocamos em conexão com o Divino: "eis-me aqui, Senhor!"

Obrigado, Senhor!

É tão bom senti-Lo tão perto, tão amigo!

Vou conseguindo fazer minhas reflexões sobre meus comportamentos, minhas respostas emocionais, e já consigo entender os meus porquês. Já não sou tão severo comigo, carregando culpas desnecessárias, mas observando onde ainda tenho dificuldades.

Só que agora O encontro todas as noites e posso no meu silêncio comentar os meus porquês sem medo de retaliações ou julgamentos!

Seu AMOR me aquece a alma, quando peço Sua bênção para me superar!

Sigo, entendendo e percebendo a diferenciar o que é Real e Irreal!

Eu Sou é Real! É Centelha de Luz!

Eu estou é humano! Divino, mas perecível!

Assim, na gratidão, no AMOR, repouso meu corpo sobre a cama que gentilmente me recebe.

Namastê!

8/30 – Transformando Nossas Ações!

Bom dia!
Busquemos sempre a observação de nossos padrões mentais!
A mente é como um cavalo selvagem que precisa ser domado. O que se faz, no novo milênio, com amor, compreensão e consciência!
Se deixarmos nosso cavalinho solto, em estado selvagem, ele vai dar trabalho, causar danos a muitos!
Precisamos adequar nossa mente, sem nos violentarmos, sem brigar conosco!
Apenas tomemos consciência e partamos para a ação!
O que temos ao nosso dispor?
Só precisamos de atitude e Fé!
Confiemos! Não estamos sós!
"A Mente quieta, a espinha ereta e o coração tranquilo", diz o poeta!
Você já sabe que pode, sim, acalmar a mente! Respirando lenta e suavemente pelas narinas, deixando-se ir ao encontro do Divino a cada expiração!
Lembre-se de que a prática leva à perfeição.
Foco em sua meta!
Namastê!
Boa noite!
Oremos!
Silenciando, respiramos algumas vezes, deixando ir com as expirações, pensamentos, emoções, dores, ansiedades, à medida que nos colocamos em conexão com o Divino: "eis-me aqui, Senhor!"
Aproveitemos a calmaria que a noite nos traz para renovar nosso estoque de energia!
A energia que gastamos durante o dia com má alimentação, pensamentos negativos e ansiedades diante das pressões da vida. Tudo isso vai diminuindo nosso estoque de prana e, sem ele, enfraquecemos a mente, soltamos as rédeas de nossas emoções esvaziadoras e isso acaba refletindo em desequilíbrios físicos, doenças.
Proponho que conte 20 respirações quadradas, da seguinte forma:

(1)Inspiração... (2)pausa. (3)Expiração... (4)pausa.

Inspire sentindo a energia fluindo pelas narinas... pause e sinta.

Expire... soltando o corpo enquanto solta o "ar", deixando que a energia se espalhe e flua... Observe a sensação de paz no vazio, a presença de D-us!

Assim, na gratidão, no AMOR, repouso meu corpo sobre a cama que gentilmente me recebe.

Namastê!

9/30 – Construindo Nossa Paz!

Bom dia!

Se há guerra lá fora, busquemos a paz lá dentro!

Se há tristeza ao redor, encontremos a alegria da gratidão pela energia que nos move, dentro de nós!

Se a discórdia nos rodeia, busquemos amparo na união com o Divino!

Se a doença nos ronda, visualizemos nossa essência, forte e saudável!

Se dúvidas nos causam dor, busquemos a sabedoria que ecoa em nosso coração, silenciando!

Todas as ferramentas que precisamos está em nosso silêncio, na observação consciente de nossa respiração, no exercício da meditação, não importando a qualidade desta, mas sim nossa determinação em sentir, observar e perceber nossa energia!

Abramos a porta, resgatemos nosso tesouro!

Meditar é o tesouro que nos liberta nesta hora!

Namastê!

Boa noite

Oremos!

Silenciando, respiramos algumas vezes, deixando ir com as expirações, pensamentos, emoções, dores, ansiedades, à medida que nos colocamos em conexão com o Divino: "eis-me aqui, Senhor!"

Fecho meus olhos, sinto o "ar" circulando pelas minhas narinas e lembro-me de Tua Presença em mim, Senhor!

Tão bom, ao me preparar para o descanso de mais um dia, saber de Teu amor, sentir-Te meu amigo!

Sinto-me em paz, pois sei que não preciso nem falar de mim, de meus medos, da minha bondade, dos meus bons sentimentos ou explicar sobre os erros que cometi e por quê!

Saber apenas que estás comigo, aguardando minha proximidade, observando a energia que gasto tentando fazer meu melhor para estar mais próximo de Teus exemplos, me dá paz!

Essa Paz, que aprendo a encontrar em mim!

Assim, na gratidão, no AMOR, repouso meu corpo sobre a cama que gentilmente me recebe.

Namastê!

10/30 – A Força da Semente em Nós!

Bom dia!

Observando a Mãe Natureza, que tudo nos ensina, olhemos para nós, reconhecendo-nos sementes!

A semente que, embora não seja avistada, está em nós, latente, nossa Essência Sagrada, o princípio de toda a vida: D-us!

Lembremo-nos disso quando nossa fé balançar!

Eu Sou, Você É, Nós Somos: Fortes!

A semente carrega toda a força vital.

Mesmo a árvore podada, cortado seu tronco, ela volta a florir, mesmo que sozinha, tal seu poder de refazimento!

Se, ao olharmos para uma fruta, lembrarmos que ela já foi flor, alimentada por galhos que traziam o néctar da terra; que nasceu da semente que morreu para gerar vida. Se trouxermos essa experiência para nossa vida, lembraremos o quanto somos filhos de D-us e da sua presença em TUDO!

Namastê!

Boa noite!

Oremos!

Silenciando, respiramos algumas vezes, deixando ir com as expirações, pensamentos, emoções, dores, ansiedades, à medida que nos colocamos em conexão com o Divino: "eis-me aqui, Senhor!"

Observemos que, da mesma forma que o Sol nasce trazendo a luz todos os dias, a Lua nos brinda iluminando a escuridão da noite. É o mesmo processo de acordar e dormir.

É nascer e morrer a cada dia.

É na escuridão que a semente se prepara para o amanhecer, gerando frutos a cada despertar!

Possamos nos permitir apenas adormecer, entregar-nos sem medo, para o amanhecer de um novo dia. Deixarmos nossa luz brilhar, promovendo o nascimento de novos frutos.

Possamos renascer flores a cada dia, perfumando e enfeitando a vida ao redor!

Flores no Altar do Divino em nós!

Assim, na gratidão, no AMOR, repouso meu corpo sobre a cama que gentilmente me recebe.

Namastê!

11/30 – A Coragem de Ser Bom!

Bom dia!
Disciplina é Liberdade!
Compaixão é Fortaleza!
Ter Bondade é Ter Coragem!

Possamos olhar e viver a essência da palavra, disciplina, sem a rigidez que alguns delegam a ela.

Disciplina é o remédio que nos cura; as medalhas que ganhamos com nossos esforços; a luz da estrela-guia que nos revela o Divino; a liberdade de ser o que somos, em essência!

Compaixão é tornar-se forte o bastante para perceber que o outro está fazendo o melhor que pode, dentro da falta de discernimento e da luz ainda não projetada!

Ser bondoso é ter a coragem para ir além do nosso falso ego, não reagindo às manifestações contrárias, que nos taxam de pessoas com segundas intenções, julgando-nos como a si próprios, e, ainda assim, perdoando e seguindo o caminho de volta ao Pai.

Namastê!
Boa noite!

Oremos!

Silenciando, respiramos algumas vezes, deixando ir com as expirações, pensamentos, emoções, dores, ansiedades, à medida que nos colocamos em conexão com o Divino: "eis-me aqui, Senhor!"

Obrigado, Senhor, pela oportunidade de aprender a cada dia!

Obrigado, Senhor, por aprender a olhar e sentir a vida sem a rigidez de antes, colocando amor e consciência em minhas ações!

Obrigado, Senhor, pela oportunidade de exercitar a compaixão e perceber que me torno mais forte e humilde a cada passo novo!

Obrigado, Senhor, pelo exercício da bondade comigo e com os outros, sem me privar do ego divino que me faz raciocinar com lucidez!

Assim, na gratidão, no AMOR, repouso meu corpo sobre a cama que gentilmente me recebe.

Namastê!

12/30 – Reciclando o Humano em Nós!

Bom dia!

Ao olhar o mundo com olhares de incredulidade, perplexidade, e julgamentos severos quanto às atitudes menos nobres de nossos irmãos, cujas consciências talvez não estejam tão despertas quanto as nossas, acalmemo-nos!

Confiar que há ordem no caos é uma tarefa difícil para nosso falso ego e, por vezes, nos sentimos impotentes e até revoltados.

Difícil aceitar? Sim!

Busquemos a humildade de reconhecer que não estamos em condições, ainda, de compreender como se processam as leis do Universo com a devida clareza.

Se existe, tem uma função! Se não tivesse, D-us não lhe permitiria a existência. Quando não houver mais necessidade, extingue-se naturalmente!

Humildade é a Postura Seis do Suryanamaskar, a Saudação ao Sol. Lembre-se de que a praticamos de joelhos no chão, cabeça baixa, mas sem tocar o solo, e a partir dela vem a Postura da Saúde, que significa Equilíbrio. Não há acasos!

Humanos... eco-evoluindo!
Namastê!
Boa noite!
Oremos!
Silenciando, respiramos algumas vezes, deixando ir com as expirações, pensamentos, emoções, dores, ansiedades, à medida que nos colocamos em conexão com o Divino: "eis-me aqui, Senhor!"
Obrigado, Senhor!
Estou aprendendo todos os dias!
A cada novo anoitecer, percebo-me mais confiante de Tuas leis, diante das quais me redimo, e peço que me esclareças a cada noite de sono, para que a cada novo amanhecer eu me torne mais seguro e confiante, e assim, passe a ser luz àqueles que as compreendem menos do que eu!
Obrigado, Pai, pela Tua infinita compaixão com nossos pequenos erros, pois sei que nos vês grandes e nobres, filhos Teus que somos!
Assim, na gratidão, no AMOR, repouso meu corpo sobre a cama que gentilmente me recebe.
Namastê!

13/30 – Vibrando na Luz!

Bom dia!
Vibremos para que as consciências se acendam, literalmente.
Muito erro ao redor? Muita mesquinharia a nos cutucar? Muito vazio a preencher? Muita gente surtando aqui e acolá?
Vibremos!
Parece-nos que o caos predomina, e o que podemos fazer? Mudar o outro? Mostrar-lhes o caminho?
Vibremos!
Não se obriga uma pessoa que está há muito tempo na escuridão a olhar para a luz. Luz demais cega, criticar piora ainda mais a revolta e a raiva deles.
Devemos ter cuidado ao agirmos querendo modificar alguém. Não nos pediram ajuda!

Vibremos por nós. Assim faremos a diferença.
Somos pontos de luz em meio à escuridão!
Nossa simples presença luminosa e silenciosa em meio ao caos cria uma onda de bem-aventurança que alcança êxito em vários níveis, sem nos darmos conta. Assim É!
Em nome do ETERNO e do bem-viver!
Namastê!
Boa noite!
Oremos!
Silenciando, respiramos algumas vezes, deixando ir com as expirações, pensamentos, emoções, dores, ansiedades, à medida que nos colocamos em conexão com o Divino: "eis-me aqui, Senhor!"
Pai amado! Paizinho, me ajude!
Mesmo caminhando na Tua Luz, buscando forças para seguir-Te os exemplos trazidos e oferecidos por tantos Mestres, em Teu nome, muitas vezes ainda sucumbo diante das ilusões do falso ego!
Sinto-me triste e choro, por não ter a força suficiente, e algumas vezes ainda responder à negatividade de alguns irmãos, embora tenha conhecimento dos diferentes graus de consciência, e assim sendo, de minha responsabilidade que é maior!
Clamo por Ti, Senhor!
Que eu possa ser vencedor sobre o orgulho que me faz por vezes revidar o mal com o mal!
Assim, na gratidão, no AMOR, repouso meu corpo sobre a cama que gentilmente me recebe.
Namastê!

14/30 – Buscando a Mansidão do Espírito!

Bom dia!
Matematicamente: menos com menos é mais!
Busquemos a mansidão das águas calmas que refletem as margens e o luar!
Menos quereres!
Percebes o que causa as turbulências em tua alma. É tão somente a quantidade de coisas que queres. Sempre mais. Nunca o suficiente!

Para!
Acalma. Respira. Volta para dentro. Espera. Silencia.
Busca a tua essência!
Lembra que és feito do mesmo prana que as irmãs árvores. Lembra-te dos lírios do campo!
Desacelera teus quereres!
Busca a resposta simples e sublime de teu ser, e percebes o que, em realidade, precisas para estares feliz. Limpa teu jardim, ó sábio!
Deixa apenas o que te provoca nobreza e beleza.
Não te enganes mais.
Sê gentil com tua alma!
Lembra-te: ter menos, sendo mais!
Namastê!
Boa noite!
Oremos!
Silenciando, respiramos algumas vezes, deixando ir com as expirações, pensamentos, emoções, dores, ansiedades, à medida que nos colocamos em conexão com o Divino: "eis-me aqui, Senhor!"
Boa Noite, Senhor!
Hoje aprendi que há tanto ainda a aprender!
Aprendi que não preciso ter tudo, nem ser tudo, nem saber tudo!
Olhando a Mãe Natureza, conforme Teu ensinamento, percebo a diversidade e a beleza singular que forma o plural que És Tu!
Aprendo olhando os parques, os animais, as florestas, as pessoas, os sentidos físicos que nos deste para interagirmos nesta vida e crescermos, voltando a Vós!
Percebo, cada dia mais, que não somos muito sozinhos. Somos lindos quando em conjunto, pois Tu estás na união, na reunião, no Yoga!
Compreendo as palavras de Jesus, o Mestre: "Quando dois ou mais se reunirem em meu nome, ali Eu estarei!"
Assim, na gratidão, no AMOR, repouso meu corpo sobre a cama que gentilmente me recebe.
Namastê!

15/30 – Renovar para Renascer!

Bom dia!
Queremos um mundo novo!
Mais sereno, limpo de poluição e maldades!
Comecemos nosso ciclo de revitalização.
Busquemos começar em nós, sempre!
Observemos nossos hábitos, ainda que saudáveis.
O que podemos modificar, e por quê?
Caminhando por novos caminhos, permitindo novos conceitos, reciclando desejos, lançando novos olhares!
Cuidar, revitalizar nosso jardim pessoal!
Arrancando ervas daninhas, afofando a terra, usando adubos orgânicos!
Pensemos nos pássaros, borboletas e abelhas, plantando árvores frutíferas, mesclando com variedade de flores, permitindo novas mesclas de aromas e cores!
Esse jardim é nosso corpo, nossa mente!
Concentremo-nos, cada vez mais, na proposta de renovação.
Re-Nova-Ação!
Namastê!
Boa noite!
Oremos!
Silenciando, respiramos algumas vezes, deixando ir com as expirações, pensamentos, emoções, dores, ansiedades, à medida que nos colocamos em conexão com o Divino: "eis-me aqui, Senhor!"
Senhor Amado, Pai Divino!
Que eu possa enxergar o que preciso mudar em mim para melhorar minha condição humana!
E que, ao observar meus pontos fracos de personalidade, eu tenha a força necessária para me modificar!
Que ao cuidar do meu jardim, minhas novas atitudes não gerem ofensas aos outros ao meu redor!
Que ao mudar, possa ser eu, portador de Tuas palavras, no silêncio e na mansidão de meus gestos!

Finalmente, que as visitas constantes de pássaros, borboletas e abelhas possam despertar em outros a vontade de seguir-me o exemplo!

Assim, na gratidão, no AMOR, repouso meu corpo sobre a cama que gentilmente me recebe.

Namastê!

16/30 – É Preciso Amar!

Bom dia!
Teria dito o Mestre Jesus: amém, ou amem, do verbo amar?
Amemos quem somos, quem nos tornamos!
Amemos os erros que nos fizeram ser o que somos hoje!
Amemos nossas características físicas. Nosso cabelo, tom de pele, nossa estatura, nosso biotipo, nossa capacidade intelectual!
O que somos e nos tornamos é resultado de tantas lutas internas. Valorize!

Quando nos amamos, nossa atitude reverbera uma aura de confiança, singeleza e alegria espontâneas que aproxima as pessoas de nós, independentes dos valores de beleza estabelecidos pela sociedade.

Quando emanamos essa aura de alegria e confiança naturais, as pessoas passam a nos achar belas e nos amam!

Lembremo-nos que Amor por nós desperta o Amor de outros!
Amemos nossa Essência, nosso Ser Espiritual. Da mesma forma, esse Amor volta em nós sob bênçãos Divinas!

Namastê!
Boa noite!
Oremos!

Silenciando, respiramos algumas vezes, deixando ir com as expirações, pensamentos, emoções, dores, ansiedades, à medida que nos colocamos em conexão com o Divino: "eis-me aqui, Senhor!"

Obrigado, Senhor, por me ensinar a ser autoconfiante!
Que bom ser consciente!
Ciente de que sou belo e desperto amor nos outros e de outros!

Que bom sentir essa leveza natural que me torna mais alegre e saudável!

Que bom saber que minha constituição física, independentemente de qualquer fator, não me exclui a possibilidade de amar e ser amado!

Oro pelos que não despertaram ainda para essa verdade! Pelos que sofrem por não se sentirem bons o suficiente para atenderem às necessidades de outros, quando nada disso é importante, nem real!

Oro, para que todos sejam felizes!

Assim, na gratidão, no AMOR, repouso meu corpo sobre a cama que gentilmente me recebe.

Namastê!

17/30 – Ofereço-te Paz!

Bom dia!

No dia de hoje, ofereçamos Paz ao mundo!

Ofereçamos nosso AMOR à Mãe Terra, à Humanidade!

Acendamos a Luz do nosso cardíaco, vibrando saúde e prosperidade a todos!

Vamos conduzir nossa mente consciente, em sintonia com o amor do coração, emanando cura a todos os que precisem!

Ofereçamos nosso tempo e energia em prol daqueles que caíram nas armadilhas do medo, causando destruição às suas vidas e à de outros!

Vibremos o perdão que liberta, dentro do nosso coração!

Sejamos bons! Essa energia tem volta!

Vamos entrar nessa folia!

Lembremos da lei de Ação e Reação. O que fazemos e desejamos a outros volta para nós em dobro!

Façamos como o coração de uma criança, apenas pela alegria de auxiliar, de ver o outro feliz!

O retorno vem em bênçãos de diversas maneiras!

Caminhemos juntos!

Namastê!

Boa noite!

Oremos!

Silenciando, respiramos algumas vezes, deixando ir com as expirações, pensamentos, emoções, dores, ansiedades, à medida que nos colocamos em conexão com o Divino: "eis-me aqui, Senhor!"

Obrigado, Senhor, pela paciência celeste sobre meus deslumbramentos!

Obrigado, Senhor, pela força a mim oferecida ao exercício da bondade, que me faz mais e melhor ser humano!

Obrigado, Senhor, pela minha capacidade, conquistada a cada dia, em relevar os erros dos outros. Mesmo porque, não há erros na Tua Criação!

Obrigado pela minha condição, melhorando cada vez mais, em ir além das simples aparências, vendo-O em tudo à minha volta!

Assim, na gratidão, no AMOR, repouso meu corpo sobre a cama que gentilmente me recebe.

Namastê!

18/30 – Juntos no AMOR

Bom dia!

Mesmo separados fisicamente, quando conectados à Luz do AMOR, trabalhamos nos sonhos, nos reunimos e renovamos nossos laços espirituais!

Deixemos de lamentar e sigamos em frente, sem perdas de tempo, pois este é energia radiante e preciosa!

Juntos!

A Centelha de Luz que nos une é imperial, indissolúvel, é eterna, pois vem Dele!

Juntos!

Quando precisarmos de discernimento, ou desabafos da alma, coloquemo-nos à mesa com nossos Mestres, e mergulhados no silêncio, os nós se desfazem à nossa revelia. Puro amor e merecimento!

Juntos!

Juntemos as palmas das mãos em gratidão e louvor. Em esperança, e caminhemos na Cura do Amor!

Como as ondas do mar, indo e voltando, recuando e avançando!

Namastê!
Boa noite!
Oremos!

Silenciando, respiramos algumas vezes, deixando ir com as expirações, pensamentos, emoções, dores, ansiedades, à medida que nos colocamos em conexão com o Divino: "eis-me aqui, Senhor"!

Quando nos doamos aos outros, sem pretensões, e sim na alegria de expandir AMOR, vemos e sentimos a magia acontecendo em nossa vida!

A árdua tarefa em deixar de lado, às vezes, pequenos prazeres, em nome de um objetivo de doação, traz consigo bênçãos de todas as espécies!

Por tudo isso, sinto-me feliz!

Como é agradável perceber a Tua presença sempre em mim!

Como é bom ter olhos e ver-Te revelar a mim!

É lindo e indescritível trabalhar em Teu nome, caminhando ao lado de irmãos, ilustres guerreiros da luz!

Assim, na gratidão, no AMOR, repouso meu corpo sobre a cama que gentilmente me recebe.

Namastê!

19/30 – Só Rir!

Bom dia!
Remédio do dia: alegria!
Há que se rir de si!
Há que rir com a vida!

Há que se encontrar um vestígio de esperança em meio a turbulência e abrir o caminho para sorrir!

Rir de mim! Rir da dor, que sei, é passageira!

Rir daqueles que (supostamente) me fizeram mal!

Mal? Se tudo está escrito, apenas me acuaram a seguir a direção certa!

Na verdade, mal, só a si próprios!

Rir das bobagens dos outros!

Rir, só Rir!

Sorrir: antídoto para a tristeza.

Combate diversos males da alma, instalados ou não no corpo.

Exercitemos: pare agora e pense em um dos problemas que lhe afligem, e olhe para ele sob o prisma do Sorriso... Força, você consegue! Ria primeiro de você!

Namastê!

Boa noite!

Oremos!

Silenciando, respiramos algumas vezes, deixando ir com as expirações, pensamentos, emoções, dores, ansiedades, à medida que nos colocamos em conexão com o Divino: "eis-me aqui, Senhor!"

Pai, em face as dificuldades encontradas no caminho, hoje, poucas vezes consegui sorrir, conforme me ensinaste.

Mas, quero dizer-Te que ao menos, ao lembrar do compromisso selado no silêncio de nosso coração e mente, fui feliz!

Feliz por me lembrar de caminhar no propósito!

Feliz por conseguir não me julgar tão terrível assim!

Feliz, pois hoje sei que estás comigo em todos os instantes, e naqueles momentos que temos dificuldade em discernir em certo e errado!

Nessa conexão diária,

Sinto-me, a cada dia, mais forte, e já não sinto tanta pena de mim como antes!

Assim, na gratidão, no AMOR, repouso meu corpo sobre a cama que gentilmente me recebe.

Namastê!

20/30 – Vitória! Vitória! Vitória!

Bom dia!

Como em uma construção, em que assentamos tijolo por tijolo! Tijolinho, massinha; tijolinho, massinha.

Caminhemos, um passo de cada vez, apreciando a natureza ao redor, observando a qualidade de nossos passos, estando presentes na energia do agora!

Vivamos, colocando no pedestal, ou no seu altar pessoal, todas as "pequenas" vitórias, pois são elas que nos preparam para as maiores!

Podemos sempre escolher, entre dar importância a fatos corriqueiros e mesquinhos, entrando na onda do negativo, ou observar e perceber que é uma armadilha do velho ego!

Exercitemos nosso poder real, que é sobre nós. Sejamos Soberanos em nossa vontade!

Retiremos das prateleiras superiores objetos e conceitos que não combinam com o novo Ser a que nos propomos!

No decorrer das experiências, vamos nos desprendendo também destes, retirando-os definitivamente de nossas prateleiras mentais, nas quais não haverá mais lugar para "presentes gregos"!

Na Vitória, com você!

Namastê!

Boa noite!

Oremos!

Silenciando, respiramos algumas vezes, deixando ir com as expirações, pensamentos, emoções, dores, ansiedades, à medida que nos colocamos em conexão com o Divino: "eis-me aqui, Senhor!"

Obrigado, Pai Eterno!

Alegro-me por me conscientizar de tantas coisinhas que guardava em minhas prateleiras, das quais nem me dava conta!

Obrigada pelo Poder em mim, conquistando novas terras e novos espaços, limpando velhos conceitos, restaurando outros e descartando tantos outros que ocupavam espaços preciosos sem necessidade!

Obrigada pela graça de mais um dia em que pude me trabalhar e aprender!

Todo o tempo perdido, antes com coisas sem importância reais, e que agora posso resgatar, dando as prioridades necessárias, deixando na casa do meu ser apenas ferramentas que me ajudem a esculpir meu Eu real!

Assim, na gratidão, no AMOR, repouso meu corpo sobre a cama que gentilmente me recebe.

Namastê!

21/30 – Sonho A-Cor-Dado!

Bom dia!
Sonhemos.
Sonhar acordado é apenas o exercício de Fé e Esperança!
Aprendamos a Sonhar.
Criando condições mentais e vendo nossa idealização concluída e o festejo dessa vitória!
Construamos nossos sonhos. Movimentemo-nos nessa direção a cada novo amanhecer.
Quando nos movimentamos na direção de nossos sonhos, sem deixar espaço para as pequenas contrariedades, o Universo reconhece nossa ação e nos devolve em bênçãos!
Caminhemos em direção aos nossos maiores sonhos, sem barganhar com o Divino. Não é toma lá, dá cá!
Hajamos dentro da graça divina, dando cada passo com Amor e humildade. Humildade e Fé. Sem expectativas!
É simplesmente um movimento de entrega e trabalho alegre na certeza da conclusão!
Sonho não é utopia, é a certeza interior da realização, que gera contentamento.
Felizes, e na Matrix.
Namastê!
Boa noite!
Oremos!
Silenciando, respiramos algumas vezes, deixando ir com as expirações pensamentos, emoções, dores, ansiedades, à medida que nos colocamos em conexão com o Divino: "eis-me aqui, Senhor!"
Obrigado, Senhor, por me ensinar a sonhar novamente.
A vida fica tão estranha e sem graça quando não mais nos permitimos sonhar!
A cada novo amanhecer, sou cada vez mais grata por mais uma oportunidade; pela permissão de poder me restaurar e realmente ser feliz aqui e agora!
Muitas vezes nos deixamos levar por desânimos e revoltas desnecessárias. Não percebemos que a Tua Mão age sempre em nosso favor! Não crendo em Ti, como mereces. Quanto aprendizado!

De Ti, não há críticas nem cobranças. Apenas esperas silenciosamente que abramos os olhos e reconheçamos Tua ação em nosso favor. Aprendemos Contigo, crianças que somos, que estamos caindo e levantando várias vezes, aprendendo a nos erguer!

Assim, na gratidão, no AMOR, repouso meu corpo sobre a cama que gentilmente me recebe.

Namastê!

22/30 – Um Prisma no Olhar!

Bom dia!

Busquemos um olhar generoso para a vida por meio de um prisma!

Na claridade branca de nosso coração, brotam todas as cores trazendo a variedade de bênçãos da vida, que quando se fundem numa só, voltam à escuridão, tal qual a semente que espera o momento de receber novamente a luz do Sol e renascer!

Acima da existência da escuridão, lancemos nosso olhar para as luzes que brotam da Essência Divina, dentro e fora de nós!

Olhar a escuridão e reconhecer a presença da luz faz de nós candeeiros clareando o nosso e o caminho de outros que nos seguem!

Sofrer cansa o corpo, a mente. Solavanca a alma!

Busquemos a sabedoria dos lírios do campo, símbolo da fé que alimenta e cura!

Sigamos o fluxo natural da vida.

Namastê!

Boa noite!

Oremos!

Silenciando, respiramos algumas vezes, deixando ir junto com as Expirações, pensamentos, emoções, dores, ansiedades, à medida que nos colocamos em conexão com o Divino: "eis aqui, Senhor!"

Obrigado, Pai Eterno!

Alegro-me ao perceber que, algumas vezes já consigo olhar a escuridão se formando, e consigo expandir meu olhar, dissipando a nuvem escura do medo.

Aprendo-me a cada nova experiência, transformando valores internos de forma natural, sem sofrimentos nem revoltas. Não mais considero que o Mundo me deve algo!

Este momento de entrega genuíno, trás para minha existência a paz tão sonhada, junto à capacidade de perdoar os erros alheios, posto que estão dando o seu melhor, dentro das perspectivas como olham a vida!

Assim, na gratidão, no AMOR, repouso meu corpo sobre a cama que gentilmente me recebe.

Namastê!

23/30 – Coração em Ação!

Bom dia!

Cor-Ação!

Vamos colorir nossa vida, deixando-nos guiar pela voz do coração!

Podemos reconhecer claramente quando Ele fala!

Observemos que, quando fazemos uma escolha, seja ela qual for, e nos sentimos receosos ou inseguros, é o coração dizendo, alertando para um erro.

Quando, ao contrário, tomamos uma decisão e nosso coração sorri de alegria, não há dúvidas que essa é a escolha certa, posto que não deixa margem a dúvidas internas!

Quando confiamos e aprendemos a ouvir-lhe a voz, sentimo-nos mais perto do Divino!

No dia de hoje, vamos ouvir a voz do coração e seguir-lhe o caminho, deixando que ele se expresse em nossa vida, ocupando os cantos e recantos de nossa alma!

O coração é a Luz de nossa consciência Divina, reflexo de D-us!

Namastê!

Boa noite!

Oremos!

Silenciando, respiramos algumas vezes, deixando ir com as expirações, pensamentos, emoções, dores, ansiedades, à medida que nos colocamos em conexão com o Divino: "eis-me aqui, Senhor!"

Divino Pai Eterno, a cada novo olhar, a cada nova fresta de consciência renovada, sinto mais a Tua Presença!

Hoje, cada amanhecer é a certeza de novas bênçãos. Uma oportunidade de aprender a ouvir Tua voz que fala no silêncio do meu coração!

Como é bom sentir-Te a Presença a cada confirmação de minhas intuições!

Experiências únicas, inenarráveis, que fazem valer a pena todas as pequenas renúncias em favor do Ser Divino adormecido em nós. É a confirmação de Teu AMOR.

Assim, na gratidão, no AMOR, repouso meu corpo sobre a cama que gentilmente me recebe.

Namastê!

24/30 – (A)Prender a só Ser!

Bom dia!

Aprender a desprender-se!

Soltar os nós, recomeç\Ando. Viver o Hoje!

Andando, caminhando, ensaiando novos passos na dança da vida!

O que podemos fazer de bom hoje por nós?

"Pequenas" ou "grandes" coisas, não importa! Apenas faça!

Movimente-se em sua direção. Volte-se para dentro!

Deixe o que está fora, lá mesmo. O mundo sobrevive sem nós!

E, se o dia que você vê lá fora está nublado, lembre-se de acender a LUZ dentro de você!

Feche seus olhos, acalme seu coração, respire algumas vezes pelas narinas. E olhe para você como D-us o vê!

Lembre-se: D-us é Luz, você é luz!

Veja-se como um ponto de luz iluminando o Universo.

Fique nessa luz. Fique nessa luz!

Quando voltar de lá, abra seus olhos sem pressa. Respire fundo e com alegria. Sorria para você e para o mundo. Ele lhe retribuirá!

Namastê!

Boa noite!

Oremos!

Silenciando, respiramos algumas vezes, deixando ir com as expirações, pensamentos, emoções, dores, ansiedades, à medida que nos colocamos em conexão com o Divino: "eis-me aqui, Senhor!"
Pai amado, obrigado!
Este belo aprendizado faz de mim um Ser melhor a cada dia!
Lembro-me de como sofria quando, no início, tive que desconstruir muita coisa em mim, para construir o novo ser que sou hoje.
Sei que há muito ainda a fazer, mas as bases estão mais seguras e firmes. Já não sofro tanto ao ter de decidir a me desprender de algo que sei que me afasta de Ti!
Os primeiros passos são difíceis, mas nada se compara à experiência de andar sozinho!
Assim como uma criança, sinto-me a cada dia mais corajoso para caminhar ao encontro de Ti!
Assim, na gratidão, no AMOR, repouso meu corpo sobre a cama que gentilmente me recebe.
Namastê!

25/30 – Novas Ações, Novas Conquistas!

Bom dia!
Re-Nova-Ação!
Que tal usarmos nossa energia para reverter quadros de opressão interna?
O que gera essa opressão? Pressão externa, gerada por expectativas lançadas sobre nós, ou será que nós mesmos geramos as tais expectativas de satisfazer os outros?
Aonde tudo isso nos levará?
Pressão alta? Depressão? Solidão?
Vamos conquistar nosso solo sagrado?
Vamos fincar a bandeira de conquistadores em nós mesmos?
Para que coisas novas nos aconteçam e cheguem até nós, vamos pensar, agir de novas formas!
Que tal experimentar um novo caminho; um novo olhar; uma alimentação diferente; um telefonema que apenas pensamos em dar e não o fizemos; plantar e cuidar de uma nova planta; fazer um cami-

nho diferente do habitual; vestir uma nova cor de roupa; experimentar uma atividade física!

Numa nova ação, abrem-se novas possibilidades, novas pessoas, novas conquistas profissionais e pessoais, e, por fim, uma Vida Nova!

Namastê!

Boa noite!

Oremos!

Silenciando, respiramos algumas vezes, deixando ir com as expirações, pensamentos, emoções, dores, ansiedades, à medida que nos colocamos em conexão com o Divino: "eis-me aqui, Senhor!"

Amado D-us, meu Pai, ajuda-me a cumprir essa nova proposta!

Que desperte em mim, a cada novo amanhecer, essa clareza de bem-viver!

Que eu saiba colocar em prática bons pensamentos, bons sentimentos, que certamente me trarão novas e melhores experiências!

Desperta em mim a força e a coragem necessárias para mudar antigos padrões de pensamentos e emoções esvaziadoras, que só fazem retardar nossa jornada ao encontro de Ti!

Que meu coração seja banhado de serenidade para mudar meu olhar na Tua direção e abraçar Tuas bênçãos.

Assim, na gratidão, no AMOR, repouso meu corpo sobre a cama que gentilmente me recebe.

Namastê!

26/30 – Mamãe Natureza!

Bom dia!

Novo Mundo! Nova Consciência! Novo Homem!

Quando tudo se renova, vamos renovar antigas frases, bordões, provérbios.

Viemos mesmo sem manual de instrução?

Será que essa frase ainda se aplica ao Novo Homem? Claro que não!

A Mãe Natureza está aí a nos ensinar a todo o momento. Por isso a chamamos de Mãe: aquela que nutre e ensina.

Deixemos a Mãe Natureza nos ensinar!

Miremos nos exemplos de beleza, força e capacidade de autorregeneração ao nosso alcance!

Basta olharmos, prestar atenção, contemplar, aprender e, por fim, acreditar que temos o mesmo potencial em nós!

Observemos a força da semente, cuja essência rompe o casulo sob a terra, brota, cresce, dá flor, fruto, sombra, embelezam paisagens, inspiram poesias e melodias. Há aquelas que brotam do cimento, outras que são cortadas e se refazem sem ninguém que as regue. Cumprem suas missões de apenas Serem!

Com as bênçãos da Mãe Natureza!

Namastê!

Boa noite!

Oremos!

Silenciando, respiramos algumas vezes, deixando ir com as expirações, pensamentos, emoções, dores, ansiedades, à medida que nos colocamos em conexão com o Divino: "eis-me aqui, Senhor!"

Obrigado, Senhor, por mais esse dia de aprendizado!

Aprendo a perceber a cada novo dia que, ao nos afastarmos da Mãe Natureza, nos afastamos de Ti, e ainda brincamos ao dizer que nos deixaste aqui na Terra, sem bulas nem manuais de instrução!

És D-us! Posto que nunca Te cansas de esperar nosso despertar, e sorris de nossa cegueira, perdoando sempre nossa distância!

Quero lembrar-me sempre, e cada vez mais, de parar para observar o Céu, as flores, os pássaros, os seres à minha volta e ser humilde para aprender com eles.

Quero aproveitar cada novo dia que me dás para crescer, ser feliz e caminhar em Tua direção!

Assim, na gratidão, no AMOR, repouso meu corpo sobre a cama que gentilmente me recebe.

Namastê!

27/30 – Nossa Fé!

Bom dia!
Fé é o ato de condensar uma força que gera energia de criação!
Fé em D-us. Fé em você. Fé em santos. Fé em mestres. Fé na humanidade.

Seja em qual for a direção que você concentrar esse poder, ele trará resultados.

Queremos Felicidade. Fé-licidade!

Observe que as pessoas que você julga ser felizes, em sua maioria, trabalharam duro, usaram muita disciplina, abdicaram de prazeres, mantiveram o foco no que queriam para si.

Sejam eles medalhistas, médicos, monges ou mesmo um criminoso. Eles concentraram e usaram essa força para conseguir o que queriam, e a esse resultado chamam de felicidade.

Vamos buscar em nós essa capacidade de concentrar, condensar essa energia, esse prana, e mantermo-nos fortes no caminho espiritual.

O Mundo precisa de nossa luz. Nós precisamos de Paz!
Namastê!
Boa noite!
Oremos!

Silenciando, respiramos algumas vezes, deixando ir com as expirações, pensamentos, emoções, dores, ansiedades, à medida que nos colocamos em conexão com o Divino: "eis-me aqui, Senhor!"

Obrigado, Senhor!

Obrigado pela capacidade de enxergar além das limitações físicas!

Obrigado pela capacidade de sentir-Lhe a presença, na alegria e na dor: aliança divina!

Obrigado pela força em mim, tal qual da Mãe Natureza: herança bendita!

Obrigado pela espera até que eu aprenda a andar com minhas próprias forças como Tu me disseste!

Obrigado porque compreendo a Luz por trás de cada dor, muito obrigada!

Grato eu sou aos meus amigos. Mas só a Ti, Senhor: Muito obrigado!

Assim, na gratidão, no AMOR, repouso meu corpo sobre a cama que gentilmente me recebe.

Namastê!

28/30 – No Movimento!

Bom dia!

Vida é movimento. Energia parada gera doenças físicas, emocionais, mentais espirituais!

Como disse o poeta: Tudo que move é sagrado!

Movimento eletricidade, gera ação, que se transforma em vida... Viver é cíclico.

A semente que nasce e transforma-se em planta, que gera flores e frutos, e cuja semente gera uma nova vida!

Qualquer Ser Vivo movimenta-se e evolui. Dizemos que água parada cria bicho, dengue.

No Yoga, quando na execução das posturas, nosso corpo se aquece e nossos músculos se alongam trazendo flexibilidade: Viva! Estamos vivos!

Observe uma folha morta. Ela se torna seca e fria, assim como um ser humano.

Vamos nos soltar, caminhar, dançar, alongar, amar!

Andando, caminhando, ensaiando novos passos na dança da vida!

O que podemos fazer de bom hoje por nós?

"Pequenas" ou "grandes" coisas, não importa! Apenas faça!

Movimente-se em sua direção!

Namastê

Boa noite!

Oremos!

Silenciando, respiramos algumas vezes, deixando ir com as expirações, pensamentos, emoções, dores, ansiedades, à medida que nos colocamos em conexão com o Divino: "eis-me aqui, Senhor!"

Senhor, que após cada noite de descanso e entrega, eu possa acordar, consciente da necessidade do movimento vibrante que me conduz a Ti.

Que nem preguiça, nem desânimo, nem o medo me paralisem.

Que a vibração seja constante e a evolução se faça em mim.

Que meu movimento seja físico, emocional, mental e que a força do Espírito Santo prevaleça em mim.

Assim, na gratidão, no AMOR, repouso meu corpo sobre a cama que gentilmente me recebe.

Namastê!

29/30 – Escolhas!

Bom dia!
Minha vida é agora.
Eu sou essa energia.
Minha energia é resultado de minhas escolhas!
Eu escolho o Amor Universal, que cura!
Eu escolho o perdão, que me liberta!
Eu escolho virar à esquerda, quando à direita me afasta de Ti!
Eu escolho o silêncio interior, quando o barulho ensurdece a alma!
Eu escolho o amigo de peito aberto, que, como eu, sofre e sorri, mas persiste na Santa Caminhada!
Eu escolho a saúde, quando a doença começa a invadir!
Eu escolho a ajuda, quando me sinto só, mesmo sabendo que a solidão não é uma emoção verdadeira!
Eu escolho a Natureza como minha amiga real.
Seu silêncio que me diz tudo! Sua presença que nutre! Seu exemplo que me fortalece! Sua beleza que clareia a alma!
Escolho a vida!
Namastê!
Boa noite!
Oremos!

Silenciando, respiramos algumas vezes, deixando ir com as expirações, pensamentos, emoções, dores, ansiedades, à medida que nos colocamos em conexão com o Divino: "eis-me aqui, Senhor!"

Nesta noite que me acolhe a alma, escolho silenciar em Teu Nome. Escolho deixar para amanhã as medidas que podem resolver meus conflitos. Escolho me entregar às sensações do meu corpo em meio as cobertas macias de que disponho, quando tantas pessoas choram por não ter o mesmo!

Escolho não mais sentir pena de mim, nem tampouco achar que o mundo me deve algo!

Escolho acalmar minha mente observando minha respiração lenta e suave pelas narinas, lembrando-me que Tua presença está em mim por meio dela!

Escolho o sorriso no canto dos lábios.

Assim, na gratidão, no AMOR, repouso meu corpo sobre a cama que gentilmente me recebe.

Namastê!

30/30 – Verticalizando a Caminhada!

Bom dia!

Olhando além de nossa simples visão, paramos de andar em círculos, colocando em cada ação: A Espiritualidade, nossa essência!

A Felicidade, que vem do Alto, que nos une e nos sustenta!

O Discernimento, para o bem-viver na Terra!

A Alegria de caminhar com Contentamento!

A Piedade praticada sobre nós e os outros!

A Humildade, caminho certo para o alto!

A Saúde, fonte do equilíbrio conquistado!

A Compaixão, símbolo de elevação espiritual!

A Equanimidade, conquistada no fogo que purifica!

A Lealdade, princípio do Dharma!

O Amor Fraterno, o Namastê!

A Sabedoria, fusão com o Divino!

Namastê!

Boa noite!

Oremos!

Silenciando, respiramos algumas vezes, deixando ir com as expirações, pensamentos, emoções, dores, ansiedades, à medida que nos colocamos em conexão com o Divino: "eis-me aqui, Senhor!"

Senhor e Pai Eterno, diante de Tuas maravilhas e do aprendizado gerado em mim, por meio de erros causados por reações de orgulho; pelas lágrimas geradas por saber que "aquilo" não é meu ser real; pela humildade em reconhecê-los em mim e orar pedindo Tua piedade e perdão para aqueles que me cutucaram até que eu saísse de minha luz!

Senhor, que eu possa a cada noite, olhar para o dia que se findou e entregar a Ti minhas dores e minha disposição em melhorar.

Que a simplicidade não se afaste de mim.

Assim, na gratidão, no AMOR, repouso meu corpo sobre a cama que gentilmente me recebe. Namastê!

Amigo leitor, o exercício dessas meditações pela manhã e à noite nos conduz automaticamente ao despertar da criatividade, que se traduz de várias maneiras. A cada um, sua jornada.

Em meu caso, uma das felizes consequências foi o aflorar da porção poeta em mim, que deixo a vocês como carinho do meu ser em constante evolução.

Namastê!

Parte 5

Poesia

Escrever faz parte de mim, da tarefa que vim cumprir. Fazer poesia é a vibração maior da minha alma, é como um pintor, que escolhe as cores na leitura de suas vibrações e que a cada pincelada expressa suas dores e amores, sua fusão da matéria com o espírito.

Fazer poesia é assim!

É observar um todo e fazer uma leitura por meio de uma só palavra que condensa toda a energia que envolve o momento.

É um exercício de proximidade entre corpo, alma e espírito, em que a Luz do espírito ilumina as sombras da alma e traz beleza ao corpo.

Ser poeta não é apenas fazer da vida um soneto, é viver sua magia.

Entre poetas não há melhores, há inteiros!

Na poesia, no Amor, com você!

Namastê!

O Eu Sou

Caminhemos!
Movendo, mudando, aprendendo.
Tentando sempre, exaltando.
D-us É em mim, pulsando.
Fé, Caridade, AMOR.
Nos trilhos de Nosso Senhor!

Senhores de nós, seremos.
Novas conexões ativadas
Acendendo luzes na tormenta

Seres de luz, a hora é chegada!
Espadas erguidas no Céu
Fogueira azul flamejando
Anjos em nós, despertando!

Fé,
Caridade,
AMOR
Em nome do Eu Sou!

Na Vida, em Verso e Prosa!

Para a rotina quebrar. Aprender, celebrar.
Lembrar de cada momento,
Movimentar tudo por dentro,
Festejar o **Time Line**, o momento!
Festejo de amigos virtuais e reais,

Com quem filosofamos nossos ais!
Aí a vida fica mais graciosa, gostosa.
Gosto de quero mais!

Ai daqueles que não entendem
Pretendem, mas não acendem.
O Amor dentro de si
E não se deixam expandir, fazer rir.

Rir é o que se quer.
Dançar a melodia da vida
Viver divertida, simples, amiga!
Vivendo a simplicidade do Ser!
Namastê!

Caminhemos!

No Caminho que queremos
tem flor, cafuné, amor
No Caminho que queremos
há justiça e destemor
No caminho que trilhamos
A Nova consciência se instalou!

Estalo os dedos, e se instala o bem!
Bem-querer, bem-fazer, ascender!
Acendo a luz do meu peito
E curo, restauro, instauro
o Bem maior que eu desejo!

Dez Leis, Mandamentos, ou regras
Lealdade, compromisso, Amor
Meu olhar só vê a Flor!

meus ouvidos, meus sentidos,
paridos em esplendor, dizem apenas:
Eis-me aqui, Senhor!

Sol na Mente

Procuro o Sol, onde estará?
Se esconde, não responde, em qual estrela andará?
Esconde-esconde, a brincar
Brinca de estrela cadente, esquece de despertar.

Levanta-te, e traz o teu brilho
Revela a luz do teu ser: Irmão, amigo!

Tira teu barco do trilho
Volta pra terra, divino andarilho.

Brilho disperso, dias furtivos
Sai das águas, emerge teu brilho
Furtacor-Submarino!

Chamas do bem, puro prazer.
Despe a tristeza, nos faz querer
Encandescente, Ser.

Paz

Tudo o que a Mente quer e precisa: Silêncio!
Não é dormindo que se consegue. É Medit\Ando!
Netuno em Peixes é divisor de águas. Agora, é Meditar ou Meditar!
É hora dos MUITOS Profetas, e "Profetas". Dos Milagres, e dos "Milagres".
Há de haver DISCERNIMENTO!
Há de Ouvir a Voz do Coração!
Oração!
Ação!
São!
Sanidade!
Santidade!
Verdade!
Arde!
Invade!
Deixa Fluir!
Ir!
Leva a ilusão do Mundo!
Mergulha no Profundo do Teu Ser!

Azul

Mar e céu azul, viver ***blue***!
Bulir em casa de marimbondo, nem pensar!
Quero Paz, viver, amar!
Meditar e despertar!

Vespero a gente afasta, deixa quieto
Entrega a D-us e segue em frente
Sente a vida, aquieta a mente
Muita água há de rolar!
Ralos pensares, poucos pomares
Novos ares hão de chegar
No novo Sol a brilhar!
Brilho da noite
Nasce de novo
O dia!

Nova Hora

Hora da curtição, de curtir a boa ação, o Reto-Agir!
Rir, Ir, fazer a roda girar, Ar!
Redimir, aplaudir, em meio ao caos, ainda sorrir!
Ouvir, entregar, e sem ferir, partir!
Deixar ir, abençoar, sem constranger!
Mira... ira... lira de amor... flor!
Nova-mente, menos guerra, mais AMOR!
Brindemos na taça do esplendor, afugentando a dor.
Retro-agir, Agir na Paz, fazer com Paz. Dentro!
Soltar os presos do calabouço interior, alforriar o passado,
retardada bênção que liberta!
Pede ajuda, ajoelha, confia que vem.
Do alto, a felicidade sempre vem!

Bom dia!

C Om/sagrando.
Buscar no Eterno, sem sangrar... vivendo!
Com/ciência!
Despertando, AGORA... o Divino Olhar!
Com/verso/ando.
Mudança, poetando a Vida, Música, Dança!
Com/templo/ando.
Seguindo a estrela, concebendo fora o que há dentro!
Com/duzindo.
Regente da Harmonia, do Coro celeste em Mim!
Com/sentindo.
Deixar... fluir... sentir o Ar... respirar!
Navegando!
Passo a passo, me desfaço, seguindo novo compasso!
Refaço!
Reto-Agir... caminho de Ti!
A Sorrir!

Santosha

Manter a direção!
Direcionar a ação!
Proporção!
Vencer a ilusão!
Ter noção!
Razão?
Manter São!
Saber-se!
Para isso:
Dito, Me-dito, me calo.
No Nada, na fala, na sala
Saio do mundo, vou fundo.
Inundo-me de D-us!
Santosha!

Be\Atriz

Luz que aflora e desperta amor.
Mãos que tecem o amparo à dor
Delícia de gente miúda, calor!
Aquecendo as almas, espalhando odor!

Flor de doçura e candura, és tu!
Tulipa-flor que encanta e semeia Amor!
Enquanto amas, és amada, por D-us guardada
No manto da Virgem, amparada!

Estrada afora, és revelada
Revela o Ser que brilha na aurora
Canta enquanto Ora!
Oramos pelos teus dias
Dia de santo e glória
Bia!

Fé

Peça e receberás, Acredite e verás
A brilhante Presença ao largo das horas
Às vezes, horas depois... vês?
Importa o momento, cresce, agradece!

A VIDA, o fio tece...
permanece na magia, confia...fia teu caminho
Age reluzindo, descobrindo teu lugar
Consciente, flui com o vento a te guiar.

Sente, consente, acrescente Ordem
caminha e observa, o agora, momento/presente.
Pressente, consente o bem, A-corda!
Gira a Roda!

Da Fortuna, do destino, do Tarô
Segue
a palavra sagrada
Nomeia tua veia: Amor

Amor

De tudo e de nada...sou estrada
caminho em meio a rosas e espinhos
aberto às nuvens que formam paisagens
imagens de bicho e de gente

A-corde, corra, brinque, sonhe
aquele sonho de menino,
Sorria em meio a cambalhotas de esperança
Jovem, prepare o passo da dança!

Mar aberto, vela alta, solte-se
Navegue, nade, reme, mas vá!
pare se precisar, e chegue lá
onde o arco-íris está.

E que a Gratidão seja companheira fiel
ao olhar para o lado e para trás
E a alegria permeie esse percurso
e ao final teu discurso seja sempre: Amor!

Parte 6

O Mentor e Eu

Sempre aquela voz me dizendo: "Vá para a direita. Vá para a esquerda". Era nítida a sua interferência, ou melhor, sua abençoada interferência.

Aos poucos, fui levando com brincadeira e ficou divertido, mas fui percebendo que era algo mais sério e magnífico, mas que ainda me assustava.

Comecei a perceber que era a voz de um amigo invisível, mas eu não era mais criança para ter "amigos invisíveis"; puro preconceito! Fui vencendo meus preconceitos e começamos essa amizade santa, que se perpetuará.

Comecei pedindo confirmações para ter certeza de que não estava imaginando coisas. Minha tarefa exigia muito mais. Ele me pedia para fazer ou dizer algo, e só depois eu viria a entender aonde exatamente aquilo iria me levar. Um exercício de fé incrível.

No começo eram tarefas simples, que mexiam apenas com a minha vida, mas o "jogo" foi se tornando cada vez melhor, pois os resultados eram maravilhosos e me levavam sempre para o caminho do bem, o que ia me dando mais segurança na "voz" e, principalmente, em mim mesma.

Pela primeira vez em minha vida, sabia o que era ser amada! Um amor maior, que estava aprendendo a receber e a ter por mim, e que eu não havia conhecido até então.

Foi essa "voz" quem me ensinou a viver, a reconhecer a dualidade da vida e como sair dela. A esse amigo querido dei o nome de Mentor.

À medida que esvaziava as gavetas físicas, mentais e emocionais do velho eu, precisava preencher esse vazio com novas experiências. Chegara a hora de sair das páginas dos muitos livros que lia e viver minha própria aventura!

Para entender esse novo propósito, o Mentor me apresentou as obras de Chico Xavier, que se tornaram um marco na minha trajetória até aqui. Foi por meio das obras do querido Mestre Chico que eu pude entender a imensidão do que se escondia dentro de mim, e da realidade que se descortinava à minha frente. Entendi o real significado do Mentor em minha jornada, e agora, mais do que nunca, sabia que estava apenas no começo dessa aventura.

Compreendi que a vida é como uma obra de arte. Agora, eu estava de posse da moldura de um quadro, os pincéis e as tintas começaram a surgir na minha frente. Só dependia de mim, para pintar um lindo quadro e fazer a minha própria obra de arte.

De repente, o mundo começou parecer pequeno, eu queria mais. Queria aprender, entender, modificar, crescer, expandir.

Busquei na arte da Astrologia alguns significados, já que acreditava na vida como um segredo a ser desvendado. Aprendi muito mais do que poderia imaginar, aqueles símbolos me levaram a entender ainda mais a minha busca, o que eu era e o que tinha a transformar.

Diferente do que pensam os leigos, o Mapa Astral nos aponta nossas tendências, dificuldades e talentos, mas somos nós que fazemos a Roda girar, por meio de nossas escolhas, ações, pensamentos e sentimentos. Só aquele que transcende as energias de seu próprio Mapa Astral é o que evolui espiritualmente. Naquele ponto comecei a entender o significado da soma e da unidade, pois quando entramos no caminho da busca espiritual, tudo conspira a nosso favor. Agora, podia entender e somar meu aprendizado da espiritualidade nas obras de Chico Xavier e colocar em prática os talentos latentes do meu Mapa Astral. Cada vez mais eu me descobria, mas sempre a sensação de que algo ainda maior estava por se descortinar.

Colocando em prática os ensinamentos do Mentor que dizia: "Faça o que fizer com verdade, com real intenção, e estará fazendo o que é certo", comecei a fazer a leitura de Mapas Astrais para os amigos, como compromisso e exercício íntimo. E quanto mais mapas eu lia, mais ia me descobrindo, e crescíamos ambos.

Mas os ventos sopravam fortes e me levavam a novas paragens!

Na busca contínua, meu coração teimava em dizer que faltava algo. Já havia tanta coisa sendo exercitada, fazia um bom trabalho, podia passar novos valores e possibilidades às pessoas, a meu próprio exemplo íntimo, o que mais poderia faltar?

Busquei nas religiões, para ver se alguma delas se encaixava naquele espaço aberto e incompreendido da minha pintura. Busquei o estudo das filosofia, compreender os rituais, mas em nenhuma delas pude fazer o mergulho. Até então, a minha religião era saber Deus!

Os anos se passaram e percebi que meu corpo precisava de maior atenção, e comecei nova busca, para compreendê-lo.

Lembrei-me que, há dez anos, havia experimentado uma aula de Yoga e que ficara muito impressionada. Alguma coisa lá havia chamado a minha atenção e não eram os exercícios, algo ficou gravado em mim.

Foi então que uma alegria se apoderou de mim, minha alma vibrava e decidi dar vazão à alegria. Telefonei no dia seguinte e agendei um horário para a entrevista. Naquele ponto, já sabia que fazer aula apenas seria pouco, queria Aprender para Ensinar (preciso fazer uma pausa, pois voltei a essa frase 12 anos depois, aprendendo a língua hebraico). Havia descoberto minha real vocação, sentia isso nitidamente.

Primeiro dia do Curso de Formação para Professores de Yoga. Entrei na sala, fechei os olhos, a confirmação: agora eu estava no caminho!

Aquele dia foi um marco. Era como se houvesse encontrado novas cores e formas de pintar meu quadro, como se passasse de uma pintura com aquarela para uma tela a óleo.

Compreendi que a vida nos dá diferentes instrumentos, assim como um bom professor deve ensinar diferentes técnicas aos seus alunos, até que eles descubram e aprendam as suas próprias.

Essa talvez seja a maior recompensa de quem trilha o caminho da evolução: descobrir que a vida acredita em você! A vida acreditava em mim, e essa alegria me impulsionava a seguir em frente.

Concluí o curso com muitos obstáculos, dias de tensão, pressões, combates interiores e exteriores, do massacre do orgulho e dos medos, que contribuíram infinitamente para o meu melhor.

Sou e serei eternamente grata àqueles dias, que me abriram a possibilidade de viver minha "Lenda Pessoal", parafraseando meu querido Paulo Coelho.

Essa oportunidade selou completamente meus laços com o amigo e Mentor. Mais do que nunca nos comunicamos numa mesma linguagem, ainda que ele nunca me revelasse seu nome. Dizia: "não importa o meu nome, importa que eu esteja contigo".

A criança que eu fora começava a despedir-se da outra agora, amadurecida, que começava a engatinhar. Já não se sentia tão solta ou inadequada; já não julgava os outros com tanta força; já começava a olhar seus medos de frente e livrar-se deles; já pronunciava seu nome sem medo; já não mais se escondia do professor na sala de aula; já conseguia dizer e ouvir não!

Agora, sabia que seu potencial de troca estava mais vibrante e queria colocá-lo à prova: nascia a professora de Yoga Real, Suely Firmino.

Namastê!

Bibliografia

Bhagavad-Gita. Tradução de Huberto Rohden. São Paulo: Fundação Alvorada – 3ª ed.
BENEVIDES, Susi Kelly D. *Cones Chineses – A Antiga Técnica de Desobstrução e Limpeza*. São Paulo: Madras Editora, 2010.
DEVI, Indra. *Hatha Yoga*. São Paulo: Paz e Saúde,1998.
EVANS-WENTZ, W. Y. *História de Um Yogi Tibetano*. São Paulo: Pensamento, 1986.
FEUERSTEIN,Georg. *A Tradição do Yoga*. São Paulo: Pensamento, 2001.
FRAWLEY, dr. David. Neti: *Segredos Terapêuticos do Yoga e do Ayurveda*. São Paulo: Pensamento, 2007.
Sacerdócio do Fogo Violeta, por Saint Germain. Caderno especial/2003 – Fraternidade Pax Universal: São Paulo.
GOSWAMI, Amit. *A Física da Alma*. São Paulo: Aleph, 2005.
HERMÓGENES. *Yoga para Nervosos*. São Paulo: Ed. Nova Era, 2001.
JOHNSTON,William. *Música Silenciosa*. São Paulo: Edições Loyola,1999.
KRITIKÓS, Georg (Swami Sarvananda). *Yoga para crianças*. Rio de Janeiro: Ed. Record,1975 – 1ª ed.
MIRANDA,Caio. *Hatha, O ABC do Yoga*. São Paulo: Best Seller,1966 – 1ª ed.
RAMA, Swami, *Vivendo com os mestres no Himalaya*. Rio de Janeiro: Ed. Ouro,1979 – 1ª ed.

ROZMAN, Déborah. *Meditando com crianças*. São Paulo: Ed. Brasiliense, 1975 – 1ª ed.
SATCHIDANANDA, Sri Swami. *Os Sutras do Yoga de Patanjali*. Belo Horizonte: Editora Del Rey, 2000.
SOLEIL, dr. *Você sabe se desintoxicar?* São Paulo: Ed. Paulus,1993 – 5ª ed.
WENTZ,W.Y. e EVANZ, Milarepa. *História de um Yogue Tibetano*, São Paulo: Ed. Pensamento,1986 – 2ª ed.
YOGANANDA, Paramahansa. *Auobiografia de um Yogue*. Rio de Janeiro: Lótus do saber, 1999.
ZORN, William. *Ioga para a Infância*. São Paulo:Ed.Pensamento,1973 – 1ª ed.

Leitura Recomendada

A Grande Upanishad da Floresta
Brhadaranyaka Upanishad

Carlos Alberto Tinoco

A Brhadaranyaka Upanishad ou a "*Grande Upanishad da Floresta*" pertence ao grupo das Upanishads Principais, sendo a maior delas e, talvez, a maior de todas dentre as 108 Upanishads consideradas como as mais fiéis à tradição védica pela Mukti Upanishad. Teria sido escrita entre 1000 e 800 a.C., sob a forma de prosa antiga.

Ioga para Crianças
Um guia completo e ilustrado de Ioga

Rajiv Chanchani e Swati Chanchani

Quanto mais se divulga a ioga em todo o mundo, maior é a necessidade de se ter um livro sobre esse assunto destinado às crianças, que seja confiável, atrativo, informativo e agradável. Esta obra preenche esses requisitos, pois delineia as raízes da ioga em mitologia e lenda, incluindo muitas histórias e contos que realçam a qualidade das posturas, inspirando sua prática.

Raja Yoga
Quebrando Correntes

Suely Firmino

Ignorância, egoísmo, paixão, aversão e apego são alguns dos elos que formam as correntes que nos aprisionam nas esferas da dor e do sofrimento, fazendo-nos sentir enfraquecidos. São os famosos momentos de crise. É justamente nessa hora que o *Raja Yoga* pode nos ajudar, pois, por meio dele, é possível descobrir o poder da nossa mente.

As Upanishads do Yoga
Textos Sagrados da Antiguidade

Carlos Alberto Tinoco

Para entender o teor deste trabalho de Carlos Alberto Tinoco, é interessante conhecer primeiro o significado etimológico de Upanishads. Trata-se do fato de sentar-se próximo e em plano inferior, ou seja, com humildade. Aqui, o termo refere-se à posição do discípulo mediante seu mestre espiritual.

www.madras.com.br

Leitura Recomendada

Yoga-Pilates
Jonathan Monks

Nesse empolgante livro, Jonathan Monks funde as ideias essenciais de duas disciplinas: o alongamento e equilíbrio da Yoga e o controle muscular exigido pela técnica de Pilates. Este novo estilo de prática começa com o fortalecimento do centro de gravidade do corpo, o centro de força que mantém toda a estrutura em equilíbrio.

Alongamento e Fortalecimento Muscular
Thierry Waymel e Jacques Choque

Tendo vendido mais de 80.000 exemplares no exterior, essa obra se tornou uma verdadeira referência, tanto para pessoas preocupadas em preservar a saúde e manter a forma, para esportistas que desejam organizar sua preparação física específica, quanto para professores e estudantes que procuram sequências de exercícios diversificadas..

Yoga
A Revolução Silenciosa

Suely Firmino

A Yoga não é religião nem ginástica. É a integração de práticas para a conscientização de cada um sobre seu próprio corpo (físico) e sobre seu corpo emocional. Os exercícios da Yoga levam seus praticantes a experimentar um nível de contato com o corpo e com a alma, tendo o propósito de promover harmonia e melhor qualidade de vida.

Jornada para a Meditação
Voltando para Dentro

Rolf Sovik. Psy. D.

Todos desejam paz interior, e a maioria das pessoas tem pelo menos uma vaga noção de que yoga e meditação podem ajudá-las a obter essa paz. Se você for uma delas (seja você um estudante experiente ou iniciante dos asanas), apreciará as ideias apresentadas pelo doutor em psicologia Rolf Sovik nesse livro memorável.

www.madras.com.br

MADRAS® Editora
CADASTRO/MALA DIRETA

Envie este cadastro preenchido e passará a receber informações dos nossos lançamentos, nas áreas que determinar.

Nome _____
RG _____ CPF _____
Endereço Residencial _____
Bairro _____ Cidade _____ Estado _____
CEP _____ Fone _____
E-mail _____
Sexo ❑ Fem. ❑ Masc.   Nascimento _____
Profissão _____ Escolaridade (Nível/Curso) _____

Você compra livros:
❑ livrarias   ❑ feiras   ❑ telefone   ❑ Sedex livro (reembolso postal mais rápido)
❑ outros: _____

Quais os tipos de literatura que você lê:
❑ Jurídicos   ❑ Pedagogia   ❑ Business   ❑ Romances/espíritas
❑ Esoterismo   ❑ Psicologia   ❑ Saúde   ❑ Espíritas/doutrinas
❑ Bruxaria   ❑ Autoajuda   ❑ Maçonaria   ❑ Outros:

Qual a sua opinião a respeito desta obra? _____
_____

Indique amigos que gostariam de receber MALA DIRETA:
Nome _____
Endereço Residencial _____
Bairro _____ Cidade _____ CEP _____

Nome do livro adquirido: Yoga – A Nova Revolução

Para receber catálogos, lista de preços e outras informações, escreva para:

MADRAS EDITORA LTDA.
Rua Paulo Gonçalves, 88 – Santana – 02403-020 – São Paulo/SP
Caixa Postal 12183 – CEP 02013-970 – SP
Tel.: (11) 2281-5555 – Fax.:(11) 2959-3090
www.madras.com.br

Este livro foi composto em Minion Pro, corpo 12/14,4.
Papel Offset 75g
Impressão e Acabamento
Yangraf. Gráfica e Editora — Rua Três Martelos, 220 — Tatuapé — São Paulo/SP
CEP 03406-110 — Tel.: (011) 2296-6855 — www.yangraf.com.br